DDR-Frauen nach der Wende

MONIKA HERRMANN

DDR-Frauen nach der Wende

Im mutigen Einsatz für die Rechte von Frauen
und für bessere Lebensverhältnisse

Bibliografische Information der Deutschen Nationalbibliothek:
Die Deutsche Nationalbibliothek verzeichnet diese Publikation
in der Deutschen Nationalbibliografie; detaillierte bibliografische
Daten sind im Internet über https://portal.dnb.de/ abrufbar.

© 2020 Monika Herrmann
Umschlagbild:
https://de.wikipedia.org/wiki/Datei:Palast-fassade.JPG,
Fotograf: A. Leschek
Satz, Umschlaggestaltung, Herstellung und Verlag:
BoD – Books on Demand, Norderstedt

ISBN: 978-3-7504-9551-7

Inhalt

Einführung

Das vorliegende Buch »DDR-Frauen nach der Wende« basiert auf den Erinnerungen der Autorin an die ersten Jahre nach der Wiedervereinigung in den neuen Bundesländern. Sie war seinerzeit Mitarbeiterin bei der Friedrich-Ebert-Stiftung und rund ein Jahrzehnt lang für Veranstaltungen, Tagungen, Konferenzen und Seminare in Ostdeutschland verantwortlich, die sich hauptsächlich an ostdeutsche Frauen richteten.

Die Autorin hat Freude und Aufbruchsstimmung von Frauen nach der politischen Wende hautnah miterlebt, aber auch vielfache Enttäuschung und Leid als Folge des radikalen und überhasteten Strukturwandels in Ostdeutschland. Der Umstrukturierungsprozess war mit hoher Massenarbeitslosigkeit und großen sozialen Unsicherheiten verbunden, wovon wiederum vor allem Frauen betroffen waren.

Monika Herrmann konnte sich bei ihren Ausarbeitungen auf vielfältige Materialien, Referate und Presseberichte stützen, die frühzeitig gesammelt worden waren und um das Jahr 2000 geordnet und aufbereitet wurden. Im Jahr 2018 erfolgte eine Archivierung der Daten unter der Rubrik »Sammlung Frauenpolitik in der Friedrich-Ebert-Stiftung«, die öffentlich zugänglich ist.

Vorwort

Dass ich plötzlich auf die Idee kam, meine Erinnerungen an die Zeit nach der Wende und insbesondere an die Lage der ostdeutschen Frauen aufzuschreiben, hat mehrere Gründe. Es hat sicherlich damit zu tun, dass 30 Jahre nach dem Mauerfall viele Menschen in Ost und West den Blick intensiv auf dieses spektakuläre und einzigartige Ereignis deutscher Geschichte und seine Folgen richteten. Vielerorts erinnerte man sich an die Freude und Aufbruchsstimmung in der Bevölkerung angesichts der Wiedervereinigung der beiden deutschen Staaten – und an die seinerzeit weit verbreitete Hoffnung auf ein zweites Wirtschaftswunder. Man dachte auch an die wachsende Enttäuschung und Ernüchterung der ostdeutschen Bevölkerung, der abrupt ein »fremdes« Wirtschafts-, Sozial- und Rechtssystem vom Westen übergestülpt wurde. Weitgehend einhellig war die Meinung, dass nach der Wende vieles schief gelaufen sei. Die Folge waren dramatische Beschäftigungs-, Wohnungs-, Sicherheits- und Orientierungsprobleme.

In der Zeit nach der Wende habe ich viele langjährige, vertrauensvolle und zum Teil enge freundschaftliche Kontakte zu Frauen in den neuen Bundesländern aufgebaut, insbesondere im Rahmen der von mir durchgeführten Veranstaltungen für die Friedrich-Ebert-Stiftung. Einige dieser Frauen haben mich dazu ermutigt, meine Erfahrungen zu Papier zu bringen.

Nicht zuletzt haben sich auch meine Enkelkinder für meine (gelegentlich lustigen) Erlebnisse in der ehemaligen DDR interessiert und legten Wert darauf, dass ihre Kommentare und Sätze nach Möglichkeit wortgetreu in meine Texte aufgenommen würden.

Entscheidend für eine Veröffentlichung dieser Dokumentation waren noch andere Gründe. Ich war oft darüber bestürzt, wie rücksichtslos und gleichgültig DDR-Frauen nach der Wende von Behörden, z. B. Arbeitsämtern, behandelt wurden, nachdem ihre Arbeitsplätze massenhaft und quasi auf einen Schlag vernichtet worden waren.

Auch bei den westlichen »Schwestern« stießen die Ostfrauen auf wenig Verständnis und Anerkennung ihrer alltäglichen Leistungen. Die sozialen »Errungenschaften« in der ehemaligen DDR hinsichtlich der Vereinbarkeit von Familie und Beruf, die ihnen zweifellos sehr wichtig waren, wurden teils kritisch und abwertend beurteilt. Ganztägige Kinderbetreuungseinrichtungen wurden oft pauschal als »Kinderbewahranstalten« verunglimpft, die den Kindern eher schaden als nützen würden.

Auch andere Maßnahmen zur besseren Vereinbarkeit von Familie und Beruf, wie z. B. großzügige Regelungen zur Freistellung bei Erkrankung von Kindern, Arbeitszeitverkürzungen für Mütter oder sogenannte Hausarbeitstage für verheiratete Frauen, wurden weniger als sozialer Fortschritt betrachtet denn als Beweis für die fehlende Gleichberechtigung von Mann und Frau in der DDR. Vielmehr sei die angestrebte Vollzeitbeschäftigung von Frauen allein ökonomischen Zwängen geschuldet gewesen. Umso leichter fiel ihre unverzügliche Abschaffung nach der Wende. Die Möglichkeit, derartige nützliche und vielleicht auch segensreiche familienpolitische Maßnahmen zumindest teilweise zu erhalten, auszubauen und auch auf Männer auszudehnen, stand außer Diskussion.

Nicht selten wurde den Ostfrauen der Vorwurf gemacht, sie hätten sich gegen den Abbau ihrer Rechte nicht genügend zur Wehr gesetzt, z. B. hinsichtlich des Rechts auf Schwangerschaftsabbruch. Kein Wunder, hieß es dazu, schließlich hätten sie ja auch keine eigene autonome Frauenbewegung auf die Beine gestellt und entsprechende Erfahrungen gesammelt.

Meine Eindrücke hierzu waren andere. Deshalb lag mir daran, über die ostdeutschen Frauen nicht nur zu berichten, sondern sie selber zu Worte kommen zu lassen. Aus diesem Grund sind in dieser

Dokumentation viele Originalzitate von ostdeutschen Frauen enthalten, die ich Veranstaltungsreferaten und Medienberichten entnommen habe. Sie geben ein ganz anderes Bild der Frauen aus den neuen Bundesländern wieder.

Die Zitate zeigen, wie mutig, erfrischend ehrlich und ungekünstelt Ostfrauen auftraten, wie zutreffend ihre Beobachtungen waren und wie kämpferisch sie ihre Positionen und Forderungen vertraten – wenngleich in hoffnungsloser Unterlegenheit gegenüber dem Westen.

Es mag der Eindruck entstehen, dass die im Text eingebauten Zitate oft mehr Raum einnehmen als meine eigenen Kommentare, woran mir auch bewusst gelegen war. Glücklicherweise hatten wir aus der Zeit meiner Veranstaltungen in den neuen Bundesländern nach der Wende viele Materialien, Referate, Zeitungsberichte gesammelt und archiviert, die mir für diese Dokumentation zur Verfügung standen.

In den vorliegenden Texten habe ich mich auf einige wenige Themenbereiche beschränkt, zum einen auf frauen- und familienpolitische Themen im engeren Sinne, wie z. B. Schwangerschaftsabbruch/§ 218, Vereinbarkeit von Familie und Beruf oder geschlechtergerechte Sprache. Zum anderen behandle ich Themen aus dem Politikfeld Arbeitsmarkt- und Beschäftigungspolitik nach der Wende aus der Perspektive von in der Landwirtschaft tätigen, zum Teil aber bereits arbeitslosen Frauen. Außerdem nehme ich wohnungs- und städtebauliche Fragen in den Blick, die für Frauen in den neuen Bundesländern besonders wichtig waren.

Ich möchte mich an dieser Stelle bei den Ostfrauen bedanken, die mit viel Elan und großer Einsatzbereitschaft zahlreiche Veranstaltungen in den neuen Bundesländern mit mir gemeinsam durchgeführt haben, stellvertretend für viele bei den Gleichstellungs- bzw. Frauenbeauftragten Ute Fischer (Leuna) und Rosemarie Bechthum (Erfurt).

Ich bedanke mich auch bei meinen früheren Mitarbeiterinnen, die mich engagiert und begeistert bei der Arbeit unterstützt haben, stellvertretend für sie bei Jutta Jaeschock und Barbara Dunkel.

I. Wie alles begann

Herbst 1989, Bonn: Ich war gerade auf dem Weg zur Kantine, als ich zufällig mit einem langjährigen Kollegen ins Gespräch kam. Wir unterhielten uns über dies und das und schließlich auch darüber, wie sich die Wiedervereinigung auf die politische Bildungsarbeit unseres Hauses auswirken könnte. Er munkelte, dass den politischen Stiftungen nun bestimmt viel Geld für Bildungsarbeit in den ostdeutschen Bundesländern zukommen könnte. Ich spitzte die Ohren. Interessanter Gedanke. Vielleicht die Chance! Ich hatte zu der Zeit nur einen sehr kleinen festen Haushalt.

Sofort ging ich in mein Büro und schrieb einen Brief an den obersten Chef des Hauses. Ich teilte ihm mit, dass ich gerne jährlich 20 Veranstaltungen und Konferenzen in den neuen Bundesländern mit der Zielgruppe SPD-Frauen durchführen wolle, und bat um die entsprechenden finanziellen und personellen Mittel.

Kurze Zeit später wurde ich in ein höheres Gremium eingeladen, wo die nächsten Schritte für die Arbeit in Ostdeutschland besprochen werden sollten. Dort schrie mich plötzlich der oberste Chef an, mit meinen Formulierungen wollte ich ihn wohl ins Gefängnis bringen. An den genauen

Wortlaut meines damaligen Antragstextes erinnere ich mich heute nicht mehr. Ich glaubte allerdings, dass es die Fokussierung auf SPD-Frauen war, die den plötzlichen Wutausbruch ausgelöst hatte. Völlig ungerührt ging ich in mein Büro zurück und druckte meinen Brief mit einer kleinen Korrektur erneut aus. Ich sprach jetzt neutral von der Förderung von Frauen in Ostdeutschland (Parlamente, öffentlicher Dienst, Existenzgründungen usw.) vorsichtshalber ohne Angabe einer bestimmten Parteizugehörigkeit.

Was immer den Meinungsumschwung bewirkt hatte, ich erhielt schon wenige Tage danach eine positive Antwort. Mir wurde gleich (für meine Verhältnisse) sehr viel Geld zugeteilt (sechsstellig). Kaum ausgebbar, wenn man/frau bedenkt, wie preiswert alles noch in den Anfangsjahren in Ostdeutschland war. Die Fahrt mit der Straßenbahn kostete z. B. nur 10 oder 20 Pfennig. Ich schäme mich heute noch, dass ich versehentlich mal für eine Fahrt 50 Pfennig abrechnen wollte, wobei mich meine Sekretärin erwischte.

Mein Arbeitsstil wurde gelegentlich als chaotisch bezeichnet, worüber ich mich immer sehr geärgert habe. Ich fand mich eher zielstrebig und ehrgeizig. Aber tatsächlich ging es gelegentlich nicht ohne gewisse Verrücktheiten. Ansonsten wäre ich ohnehin als Frau völlig unbemerkt geblieben.

Um nur kurz einige Beispiele zu nennen:
In der Zeit meiner Tätigkeit als Expertin bei der
Kommission der Europäischen Gemeinschaft
(EG) in der Sachverständigengruppe »Die Frau
in der Beschäftigung« von 1983 bis 88 gelang es
mir, für die Friedrich-Ebert-Stiftung ein Projekt
an Land zu ziehen, das aus EG-Mitteln finanziert
werden sollte. Bedingung: Eine Frau musste den
Vertrag unterschreiben. Die Unterschrift unter
Verträge war seinerzeit in meinem Betrieb nur
den obersten Chefs vorbehalten. Ich ging also
zu einem der obersten Chefs und sagte ihm so
in etwa: Leider, leider, seine Frau könne, ... aber
er nicht. Da Interesse an EG-Verträgen bestand,
durfte ich den Vertrag unterzeichnen und damit
die alleinige Verantwortung für die Durchfüh-
rung übernehmen.

Ein anderes Mal erkundigte ich mich, wer der
einflussreichste Deutsche bei der EG sei, vor allem
in Bezug auf die Vergabe von Projekten. Diesen rief
ich an und traf mich mit ihm in Brüssel, bewaffnet
mit einigen meiner Veröffentlichungen, z. B. zur
Arbeitszeitpolitik. Mein Engagement und meine
Bereitschaft, jede Art von Projekt zu übernehmen, müssen ihn wohl überzeugt haben, sodass
ich kurze Zeit später die Mitverantwortung für ein
Drei-Länder-Projekt bekam.

Zurück zu meiner Arbeit in den neuen Bundesländern in den ersten Jahren nach der Wiedervereinigung:

Finanzielle Mittel und personelle Unterstützung für meine Arbeit waren somit vorhanden. Dennoch war die Anfangsphase mit einigen Schwierigkeiten, Turbulenzen und Pannen verbunden. Zunächst mussten wir Kontakte zu den »richtigen« PartnerInnen (zuverlässig, kompetent, politisch bestens informiert und organisatorisch begabt) in den neuen Bundesländern aufbauen, mit denen wir gemeinsam Veranstaltungen und Konferenzen planen und durchführen konnten. Wir mussten Hotels und Tagungsmöglichkeiten auskundschaften, neue Initiativen und politische Entwicklungen erkennen und die »richtigen« Themen finden, um ein möglichst breites Publikum anzusprechen usw.

Gottlob hatte ich seinerzeit einige Mitarbeiterinnen, die sich gemeinsam mit mir mit großem Engagement in diese Arbeit stürzten. Ich denke, stellvertretend für viele, an meine Kollegin Jutta, die mit mir begeistert im Pkw durch die neuen Bundesländer düste, um u. a. die örtlichen Gegebenheiten zu eruieren und geeignete Hotels und Veranstaltungsorte ausfindig zu machen. Sie stand im Übrigen bis zu ihrem (frühen) Tod fast ein Jahrzehnt lang telefonisch mit vielen Frauen in Ostdeutschland in intensivem Kontakt.

Für unsere Veranstaltungen in der ehemaligen
DDR nahmen wir zunächst vor allem Kontakt
zu Frauen- und Bürgerinitiativen auf, von denen
wir annahmen, dass sie neue gesellschafts- und
frauenpolitische Impulse geben könnten. Nach
der Wende schossen sie offenbar wie Pilze aus
dem Boden. Beispielhaft sei nur der Unabhängige
Frauendachverband genannt, dem bei Gründung
im Dezember 1989 bereits 22 Gruppierungen an-
gehörten.

Unsere erste größere Veranstaltung zum Thema
»Die Gesellschaft der DDR im Umbruch: Was erwarten die Frauen aus der DDR von uns?« fand bereits am 15.3.1990 in Bonn statt. 322 TeilnehmerInnen hatten sich angemeldet, laut Pressebericht
im »Kölner Stadt-Anzeiger« vom 29.3.1990 waren
sogar rund 500 gekommen.[1] Für die Podiumsdis-
kussion hatten wir Vertreterinnen folgender Initiativen eingeladen: Unabhängiger Frauen(Dach)
verband, Demokratischer Aufbruch und Arbeitsgemeinschaft sozialdemokratischer Frauen (ASF),
als Teil der neu gegründeten SPD-Ost.

Was Frauen Ost von Frauen West erwarten

Gesprächskreis mit 500 Teilnehmerinnen

Foto: Presseausschnitt (Überschrift),

Kölner Stadt-Anzeiger vom 29.3.1990

Weitere Initiativen, zu denen wir bereits zu Beginn unserer Arbeit in der ehemaligen DDR Kontakt aufgenommen hatten, waren u. a.: Initiativgruppe Frauen in der Wissenschaft, Lila Offensive, Neues Forum und Frauenarbeitsgemeinschaft der SED-PDS, die vor allem in Berlin-Ost angesiedelt waren.

In den folgenden Monaten weiteten wir unsere Kontakte auf regionaler Ebene (Bundesländer, kommunale Ebene) aus, insbesondere zu neu eingerichteten Gleichstellungsstellen, Abteilungen Frauenpolitik in Verwaltungen (z. B. im Bundesland Brandenburg), zu regionalen ASF-Gliederungen, zu Abgeordneten (Bund, Länder, Kommunen), zu Gewerkschafterinnen und Frauenverbänden.

Die Anfangsphase unserer Arbeit war oft noch wenig professionell, eher spontan und »chaotisch«, wurde aber sowohl auf Seiten der Ostfrauen als auch auf unserer Seite mit viel Enthusiasmus und Begeisterung angegangen. Nicht selten war unsere Arbeit in dieser Zeit mit großen Aufregungen und wenig amüsanten Pannen verbunden. Gelegentlich tickten die Frauen in den neuen Bundesländern auch anders als von uns erwartet, es schien uns zumindest so.

Was ist uns damals in der Anfangsphase nicht alles passiert! Aufregendes, aber auch Komisches. Wie oft habe ich gedacht: **Ein Glück, dass uns jetzt niemand sieht!**

Ich erinnere mich z. B. an **eine Veranstaltung in Dresden**, die wir u. a. mit der dortigen kommunalen Gleichstellungsbeauftragten und mit Frauen aus der (neu gegründeten) Arbeitsgemeinschaft sozialdemokratischer Frauen (ASF) geplant hatten, die aber überwiegend von den Ostfrauen organisiert wurde. Unsere Ansprechpartnerinnen waren oft erstaunlich keck und anspruchsvoll, wie ich fand, so auch in Dresden. Sie hatten zu meinem Entsetzen gleich einen großen Festsaal im Rathaus gebucht.

Vor Beginn der Veranstaltung stand ich vor der Haupteingangstür, mutterseelenallein. Aber niemand kam. Eine Blamage, dachte ich. Wie des Öfteren schickte ich einen Stoßseufzer gen Himmel und sagte mir: Ein Glück, dass uns niemand aus Bonn sehen kann.

Schließlich ging ich ins Rathaus hinein. Zu meinem großen Erstaunen war der riesige Saal etwa zur Hälfte mit Frauen besetzt. Ich war freudig überrascht und erleichtert. Niemand hatte mir vorher gesagt, dass es noch einen zweiten Eingang zum Rathaus gab. Das Einladungsschreiben mit der spritzigen Überschrift »Ostfrauen haben Westprobleme« und mit dem Hinweis »Eingang: Goldene Pforte« bekam ich erst nach der Veranstaltung zu Gesicht.

Ostfrauen haben Westprobleme

Wie können wir damit fertig werden?

Frauen aus der Bonner Friedrich-Ebert-Stiftung antworten auf unsere Fragen zur sozialen Absicherung der Frau – am Sonnabend, dem 10. März, 15 Uhr im Festsaal des Dresdner Rathauses, Dr.-Külz-Ring Nr. 19, Eingang: Goldene Pforte.

Nebenan werden unsere Kinder von Studenten der TU Dresden liebevoll betreut.

Arbeitsgemeinschaft sozialdemokratischer Frauen in der SPD

AsF

Foto: Einladungsschreiben »Ostfrauen haben Westprobleme«, 10.3.1990.

Eine weitere Veranstaltung fand in einer Kleinstadt östlich von Berlin statt. Wenn ich auch die Namen des Ortes und der Kontaktpersonen heute vergessen habe (nach fast 30 Jahren), an einiges kann ich mich noch sehr gut erinnern. Unsere ostdeutschen Counterparts waren erstaunlich anspruchsvoll. Sie wollten unbedingt, dass ich mehrere (mindestens zwei bis drei) Bundestagsabgeordnete zu der geplanten Veranstaltung einlade. Darauf insistierten sie mehrfach. Für mich völlig absurd. Die Anfrage bei Bundestagsabgeordneten konnte ich mir sparen.

Im Vorfeld gelang es mir nicht, den genauen Tagungsort zu erfahren. Es hieß lediglich: »Wir holen euch in Berlin mit Pkws ab und bringen euch direkt zum Veranstaltungsort. Macht euch deshalb bitte keine Sorgen, verlasst euch ganz auf uns.«

Tatsächlich kamen die Ostfrauen pünktlich, wie vereinbart, in Berlin an, um uns abzuholen. Nun stellte sich auch heraus, wie die Tagungsstätte hieß. Na klar: »Treffpunkt«! – Und was war daran nun so geheimnisvoll, dass wir es vorher nicht erfahren durften?

Doch noch erreicht: die »Galerie« in Magdeburg
Nicht viel besser erging es uns bei einer Veranstaltung, die in einer »Galerie« in Magdeburg stattfinden sollte. Näheres über den Tagungsort (Straßen-

name, Anfahrtsweg usw.) erfuhren wir auch hier nicht. Es hieß lediglich: »Die Galerie kennt doch jeder in Magdeburg!« Völlig unverständlich für uns, dass man uns nicht mal den Straßennamen sagen wollte. Wir kannten uns doch in Magdeburg gar nicht aus. (Smartphones gab es damals noch nicht.)

Meine Mitarbeiterin Barbara holte mich wie verabredet in Berlin mit einem Mietwagen ab. Ich hatte ihr ans Herz gelegt, auf alle Fälle eine Landkarte zu besorgen. Es war klar, dass sie am Steuer sitzen sollte, da ich mich, wahrlich zu Recht, nicht als gute Autofahrerin einschätzte. Eine meiner ersten Fragen an Barbara: »Haben Sie die Landkarte besorgt?« Ihre Antwort: »Nein, mein Mann meint, das sei gar nicht nötig, es geht auf der Autobahn von Berlin nach Magdeburg immer geradeaus.« So weit, so gut. Das war im Prinzip richtig.

Wir holten unsere Referentin (Bereich Kunst und Kultur) im Süden der Stadt ab und brachen relativ frühzeitig in Richtung Avus (Autobahn-Berlin) nach Magdeburg auf. Bis dahin klappte alles reibungslos. Dann aber ging es los.

Schon nach kurzer Zeit auf der Autobahn gerieten wir in einen Verkehrsstau. Entweder kamen wir gänzlich zum Stehen oder schlichen im Schritttempo voran. Wir hatten für die Fahrt nach Magdeburg viel Zeit eingeplant, trotzdem war nach ca. einer Stunde klar: Auf dem Weg über die Autobahn würden wir sicher nicht rechtzeitig am Ziel sein – kaum vor Sonnenuntergang, wie wir uns genervt eingestanden. Wir retteten uns noch bis zur nächsten Ausfahrt und bogen dann in die nächste Landstraße ein. – Ohne Landkarte, wie wir schmerzlich erkannten!

Sämtliche Landstraßen, auf die wir nun stießen, waren für ein schnelles Fahren völlig ungeeignet, viel grobes Pflastergestein und Geröll. Keine Wegweiser. Die reinste Fahrt in die Walachei. Mittlerweile hatte ich mich ans Steuer gesetzt, um meine aufsteigende Wut abzureagieren. Unter Zeitdruck und Stress war mir eh alles egal. Wir holperten schneller über die Straßen, als es deren Zustand eigentlich zuließ, mal rechts, mal links herum, mal geradeaus, mehr oder weniger ohne Orientierung, immer in der Hoffnung, dass wenigstens die Richtung gen Magdeburg stimmte.

Nach einer weiteren Stunde Fahrzeit verlangte unsere Referentin, die sich bis dahin ziemlich ruhig verhalten hatte, vehement nach einer Kaffeepause. Also gingen wir in eine Gaststätte. Kaffee und Kuchen konnten wir schließlich alle gut gebrauchen.

Nachdem unsere Referentin sich die Kirschtorte auf ihre seidene Bluse (ihre einzige) gekleckert hatte, steigerte sich auch deren Wut ins Bodenlose (vermutlich würde sie diese später in pampigen Bemerkungen gegenüber den Ostfrauen ablassen).

Nach unserer Stärkung durch »Speise und Trank« und vom freundlichen Gastwirt über die weitere Route informiert, machten wir uns auf den Weg. Meine Mitarbeiterin übernahm wieder souverän das Steuer des Wagens und ich konnte mich entspannt auf dem Sitz zurücklehnen.

Wir erreichten dann auch relativ zügig Magdeburg. Aber wo befand sich nun die »Galerie«? Angeblich kannten alle MagdeburgerInnen sie. Von wegen!

Wir fragten eine Person, eine zweite und eine dritte. Keine Ahnung! Schließlich erhielten wir eine geschnörkelte Beschreibung des Weges und fragten uns dann mühsam durch bis zum Tagungsort.

Endlich kamen wir, mit mehr als einer Stunde Verspätung, an – und siehe da: Der Veranstaltungssaal war bis auf den letzten Platz besetzt. Alle hatten offenbar erwartungsvoll und geduldig (wie mir schien) auf uns gewartet.

Ich konnte nicht verstehen, weshalb die verantwortlichen Ostfrauen nicht ohne uns angefangen hatten, zumal ein West-Referent (Künstler), den ich nicht kannte, schon frühzeitig eingetroffen war. Seine Erscheinung, insbesondere seine Frisur, war bemerkenswert: lange Haare, hinten zum Zopf gebunden. Die meisten TeilnehmerInnen wirkten irritiert bei seinem Anblick, so etwas hatten sie mit Sicherheit noch nicht gesehen (Anfang der 90er Jahre). Im Gegensatz zu mir, die sich vermutlich ein leichtes Grinsen nicht verkneifen konnte, ließen sich die anwesenden Ostfrauen aber nichts anmerken.

Trotz Irrfahrt, Verspätung und vollgekleckerter Bluse unserer Referentin wurde die Veranstaltung zu einem großen Erfolg.

Veranstaltung ohne Referentin?
Vor einer Veranstaltung in Dresden klopfte meine Mitarbeiterin Jutta nachts, gegen zwei Uhr, plötzlich an meine Hotelzimmertür. Aufgeregt teilte sie mir mit, dass sie befürchtete, unsere einzige Referentin würde am nächsten Tag nicht zur Veranstaltung kommen. Sie habe noch nicht in unserem Hotel eingecheckt.

Jutta war verzweifelt – hatte sie möglicherweise vergessen, der Referentin den Namen unseres Hotels und den Veranstaltungsort anzugeben? War die Post verloren gegangen? War etwas passiert?

Diese Mitteilung war auch für mich ein ziemlicher Schock. Unsere einzige Referentin!!! Ich war sofort hellwach, ein alternatives Programm musste her. Sicherheitshalber schrieb ich nachts noch eine Art Ersatzreferat, für alle Fälle.

Am nächsten Tag, siehe da, erschien unsere Referentin pünktlich zur Veranstaltung. Sie hatte in der Nacht zuvor eine andere Übernachtungsmöglichkeit gewählt, warum auch immer. Egal, sie war da und die Veranstaltung war gerettet.

»Gleich rein in die Betten und Kleidungsstücke in den Schrank!«
Offenbar habe ich diesen Spruch des Öfteren gesagt. Meine Mitarbeiterinnen jedenfalls fanden das irgendwie lustig und haben mich daran später gerne und schmunzelnd erinnert. Bezüglich der Zimmerbelegung hatten wir auch einige trübe Erfahrungen hinter uns. Vielleicht lag es daran, dass angemeldete Gäste aus dem Westen gelegentlich ganz ausblieben. In der Anfangsphase unserer Tätigkeit in den neuen Bundesländern hatten wir schon mal erlebt, dass andere Gäste es sich bereits in unseren gebuchten Zimmern gemütlich gemacht hatten. Unsere Devise lautete deshalb: Sofort die Zimmer deutlich sichtbar belegen, Koffer auspacken, Bettdecke aufschlagen und Kleidungsstücke auf dem Bett ausbreiten!
Nach den turbulenten Anfangsmonaten konnten wir uns dann aber gezielt und gut organisiert den Themen zuwenden, die den Ostfrauen unter den Nägeln brannten: rasant steigende Arbeitslosigkeit, Verlust sozialer »Privilegien«, Wohnproblematik und § 218.

Zitate

1) Elke Biesel: Was Frauen Ost von Frauen West erwarten – Gesprächskreis mit 500 Teilnehmerinnen, Kölner Stadt-Anzeiger vom 29.3.1990.

II. Was geschah nach der Wende? Was brachte die politische Wende den Frauen?

1. Hintergrunddaten

Bevor ich mich den Problemen und Erwartungen ostdeutscher Frauen in diversen Bereichen – insbesondere Arbeit, Familie und Wohnen – zuwende, möchte ich einige Hintergrundinformationen über das Ausmaß an Umstrukturierungen nach der politischen Wende in der ehemaligen DDR einfügen.

Zur Frage der Notwendigkeit oder Zweifelhaftigkeit der damals ergriffenen Umstrukturierungs- und Anpassungsmaßnahmen, in welcher Form und welchem Umfang auch immer, möchte ich mich in diesem Text nicht detailliert oder grundlegend bewertend äußern. Ich teile allerdings die weit verbreitete Ansicht, dass vieles nach der Wende »nicht gut gelaufen ist« und dass die überstürzten, radikalen Umstrukturierungsmaßnahmen auf die wirtschaftlichen und sozialen Lebensverhältnisse vieler Menschen, insbesondere von Frauen, sehr negative Auswirkungen hatten.

Ich beschränke mich im Folgenden überwiegend auf meine Materialien, Beobachtungen und Erfahrungen, die ich auf Veranstaltungen und Konferenzen in der ehemaligen DDR gesammelt habe. Hinsichtlich der Hintergrunddaten konzentriere ich mich beispielhaft vor allem auf die Arbeitsmarktsituation von Frauen im ländlichen Raum und im landwirtschaftlichen Sektor von 1990 bis 1993 im Land Brandenburg.

Westliche Politik und Expertenkreise betrachteten um 1990 die »Neuorganisation und Umstrukturierung des landwirtschaftlichen Sektors der ehemaligen Deutschen Demokratischen Republik (DDR) als eine der größten Herausforderungen, der sich Politik und Wirtschaft im kommenden Jahr (1991, die Verf.) zu stellen haben«. Etwas konkreter hieß das: »Der bürokratisierte und unproduktive Agrarindustrialismus muss in ein marktgerechtes, effizientes und ökologisch orientiertes System umgewandelt werden. Dieser Umbau ist mit enormen Problemen verbunden: Bis zum Jahresende 1991 müssen die landwirtschaftlichen Produktionsgenossenschaften, frühere Keimzellen des Agrarindustrialismus entflochten bzw. in neue Betriebsformen überführt werden. Experten schätzen, dass dieser Prozess mit einer Konkurswelle und Massenarbeitslosigkeit einhergehen wird.«[1]

Um die damaligen Probleme der Umstrukturierung zu verdeutlichen, sei darauf hingewiesen, dass seinerzeit mehr als 800.000 Beschäftigte im Bereich der agrarindustriellen Produktion in der ehemaligen DDR tätig waren.[2]

Pessimistische Prognosen gingen davon aus, dass mindestens 50 bis 70 % der landwirtschaftlichen Betriebe im ersten Halbjahr 1991 vor dem endgültigen finanziellen Ruin stehen würden.[3] Innerhalb kürzester Zeit sei mit einer Massenarbeitslosigkeit von mehr als einer halben Million landwirtschaftlich Tätigen auf dem Gebiet der ehemaligen DDR zu rechnen, im Land Brandenburg mit über 100.000 Arbeitslosen.[4]

Mit den Landwirtschaftlichen Produktionsgenossenschaften (LPG) waren in der Regel viele infrastrukturelle Aufgaben verbunden. So wurden z. B. Bäckereien, Krankenhäuser, Freizeitheime, Jugendclubs, Gaststätten, Kulturhäuser ebenfalls aufgelöst, weshalb von einer noch größeren Zahl der Arbeitslosen auszugehen war.

Hinzu kam, dass bereits seit Mitte 1991 der Binnenmarkt für ehemalige landwirtschaftliche Erzeugnisse der DDR zusammengebrochen war: »Bundesdeutsche Handelsketten mit aufwendig verpackten Lebensmitteln eroberten den neuen Markt. DDR-Produkte, obwohl oft qualitativ gleichrangig, kamen in den Regalen nicht mehr zum Zug, wurden gar in großem Maße von den Verbrauchern boykottiert.«[5]

Mit der Einführung der Wirtschafts- und Währungsunion geriet die Landwirtschaft in der ehemaligen DDR in eine tiefe Existenzkrise. Die überstürzte Umstrukturierung der agrarindustriellen Produktion im Rahmen einer »hastig administrativ verordneten Deutschen Einheit«[6] war von zahlreichen Problemen begleitet. Experten nannten in diesem Zusammenhang u. a. **Kompetenzprobleme, Mentalitätsprobleme** und **ungeklärte Eigentumsverhältnisse.**

Zu den **Kompetenzproblemen westdeutscher Ministerien und Behörden** schreibt Andreas Kurjo (1990)[7]:

»Zusammenfassend muss festgehalten werden, dass in der Bundesrepublik Deutschland (BRD):
- Das Wissen über die Verhältnisse der Agrar- und Ernährungswirtschaft in der DDR auf nur wenige Fachleute konzentriert ist.
- Diese Fachkräfte bei der Analyse und der Erarbeitung von Konzepten der Bundesregierung zur Transformation der Land- und Ernährungswissenschaft in ein marktwirtschaftliches System nicht einbezogen wurden.

– Die im Bundesministerium für Ernährung, Landwirtschaft und Forsten beschäftigten Beamten nahezu keine Kenntnis von der DDR-Land- und Ernährungswissenschaft hatten und deren Wissen zum Teil nur in die EG-agrarpolitischen und -strukturellen Schemata passten.«

Ähnliches Versagen wurde auch der Bürokratie der ehemaligen DDR nachgesagt. »Marktwirtschaft und bundesdeutsche Gesetzgebung waren für sie böhmische Dörfer.«[8]

Aus der Sicht westdeutscher Experten gesellten sich zu den ökonomischen Problemen auch Schwierigkeiten im Hinblick auf die »**Mentalität**« der ostdeutschen Bevölkerung. Viele Kommentare zeugen diesbezüglich von Überheblichkeit und Arroganz gegenüber den Menschen in Ostdeutschland: »Der ehemalige DDR-Bürger ist 40 Jahre von Vater Staat bevormundet worden und hat selbständiges Verhalten nicht gelernt. Die Neu-Bundesdeutschen trauen sich mehrheitlich nicht zu, neue Erfahrungen zu sammeln bzw. verfügten in den allermeisten Fällen nicht über das fachliche Wissen und Know-how, das für eine einzelbäuerliche Existenzweise und ein Leben in Selbständigkeit überlebensnotwendig ist.«[9]

Allerdings stellt sich die Frage, warum sie sich für die Gründung eines kleinen Familienbetriebs hätten entscheiden sollen. In Westdeutschland gab es auch berechtigte Zweifel an den Start- und Überlebenschancen kleiner Familienbetriebe.[10] Nicht verwunderlich also, dass nur wenige Menschen in den neuen Bundesländern einen Antrag auf eine eigenständige Existenzweise stellten. In den fünf neuen Bundesländern gab es bis November 1990 insgesamt 2.500 Anträge, davon im Land Brandenburg nur rund 50.[11]

Die Versuche, der landwirtschaftlichen Bevölkerung den kleinen Familienbetrieb schmackhaft zu machen, z. B. vonseiten des Bauernverbandes und des Bundeslandwirtschaftsministers Kiechle, stießen weder bei der ostdeutschen Bevölkerung noch bei ostdeutschen Politikern auf Gegenliebe. Auch in westdeutschen Expertenkreisen wurde vermutet, dass dieses Vorhaben nicht so sehr »zweckökonomischem Denken« entspringe, sondern dem Schutz der eigenen kleinbäuerlichen Klientel in den alten Bundesländern (diene, die Verf.), die durch effiziente und größere landwirtschaftliche Betriebe in eine existenzbedrohende Konkurrenzsituation geraten würden.[12] In diesem Sinne äußerte sich auch der brandenburgische Ministerpräsident Manfred Stolpe in seiner Regierungserklärung:

»Die Förderung der Landwirtschaft darf sich nicht auf bäuerliche Familienbetriebe beschränken, wie uns einige westliche Agrarpolitiker beibringen wollen. Das würde bedeuten, die Lasten einer über Jahrzehnte verfehlten Landwirtschaftspolitik (des Westens, die Verf.) auf dem Rücken der Menschen (im Osten, die Verf.) abzuladen.«[13]

Weitere Probleme ergaben sich aus **ungeklärten Eigentumsverhältnissen**, die sich u. a. auf die Neuorganisation des Agrarsektors hemmend auswirkten. Notwendige Kredite wurden von Banken nicht genehmigt, sofern die unabdingbaren Sicherheiten von Grund und Boden fehlten. Produktionsgenossenschaften verfügten nicht über Grund und Boden, diese waren sogenanntes Eigentum des »Volkes«. Aus der Sicht der damaligen Ministerin für Arbeit, Soziales, Gesundheit und Frauen des Landes Brandenburg (MASGF), Dr. Regine Hildebrandt, waren es hauptsächlich ungeklärte Besitzansprüche verbunden mit dem Verlust der Unternehmensperspektive, die für den Zerfall von Produktionsgenossenschaften und hohe Massenarbeitslosigkeit verantwortlich waren und nicht so sehr betriebswirtschaftliche Gründe.[14]

Auswirkungen der überstürzten »Anpassung« und Neustrukturierung des Agrarsektors in der ehemaligen DDR auf die Beschäftigungsentwicklung in der Landwirtschaft:

Nach Berechnungen und Schätzungen aus dem Jahr 1992, die dem MASGF vorlagen, würden 68 % der in der Landwirtschaft Beschäftigten bis Ende 1993 ihren Arbeitsplatz verlieren. Das wären rund zwei von drei Arbeitsplätzen allein in diesem Wirtschaftsbereich[15].

Nicht zu Unrecht befürchteten Experten vor diesem Hintergrund »das Entstehen eines neuen, nicht mehr in den Arbeitsmarkt integrierbaren Landproletariats und die Entvölkerung ganzer Landstriche, wenn nicht schnell und aktiv gehandelt würde«[16].

Klar war von Beginn der Wende an, dass insbesondere die in der Landwirtschaft (und nicht nur dort) beschäftigten Frauen die primär Leidtragenden sein würden. Die Benachteiligung von Frauen auf dem Land sei, so Regine Hildebrandt auf der Landfrauentagung in Potsdam im Januar 1992, »in jeder Beziehung extrem«[17] und könne sich noch »katastrophal verschlechtern«[18].

So viel zur Ausgangslage.

Zitate

1)   Vgl. Jochem Langkau: Zur Zukunft der Landwirtschaft in Brandenburg, Vorbemerkung, S. 1. In: Forschungsinstitut der Friedrich-Ebert-Stiftung: Wirtschaftspolitische Diskurse Nr. 10, Dezember 1990.

2)   Wirtschaftspolitische Diskurse Nr. 10, a.a.O., S. 3. Die Texte
          beziehen sich überwiegend auf Expertenkreise ohne Namens-
          nennung der Autoren.

3)–5)   Ebenda S. 14.

6)   Ebenda S. 15.

7)   Andreas Kurjo, Forschungsstelle für gesamtdeutsche wirt-
          schaftliche und soziale Fragen: Zur gegenwärtigen Entwick-
          lung der Land- und Ernährungswissenschaft der DDR, Berlin,
          September 1990, S. 7. Zitiert nach: Wirtschaftspolitische Dis-
          kurse Nr. 10, a.a.O., S. 15.

8)   Wirtschaftspolitische Diskurse Nr. 10, a.a.O., S. 16.

9)   Ebenda, S. 22 f.

10)   Ebenda, S. 22.

11)   Ebenda, S. 21.

12)   Ebenda.

13)   Der brandenburgische Ministerpräsident Manfred Stolpe in
          seiner Regierungserklärung, zitiert nach: Wirtschaftspoli-
          tische Diskurse Nr. 10, a.a.O., S. 21.

14)   Zuarbeiten in Form von Stichworten der Frauenabteilung des
          MASGF zur Rede von Regine Hildebrandt auf der Tagung der
          FES »Frauen in der Landwirtschaft und im ländlichen Raum
          im Land Brandenburg«, Potsdam, 30./31.1.1992, S. 1. In: Samm-
          lung Frauenpolitik in der Friedrich-Ebert-Stiftung, 6/SFES
          000001.

15)   Ebenda S. 1. Vgl. hierzu auch: J. Kühl (IAB): Beschäftigungs-
          politische Wirkungen der Treuhandanstalt, WSI-Nachrichten
          11/1991. In: Sammlung Frauenpolitik, a.a.O., 6/SFES000001.

16)   Vgl. Wirtschaftspolitische Diskurse Nr. 10, a.a. O., S. 30.

17)   Landfrauen sollen Druck machen, Berliner Morgenpost vom
          31.1.1992. In: Sammlung Frauenpolitik, a.a.O., 6/SFES 000001.

18)   Landfrauen im Aus, Märkische Morgenpost vom 31.1.1992. In:
          Sammlung Frauenpolitik, a.a.O., 6/SFES000001.

2. Reaktionen von Frauen auf ihre Arbeitsmarktsituation nach der Wende: Der Beruf der Fußpflegerin – eine wünschenswerte Alternative für arbeitslose Landfrauen?

Ich erinnere mich noch sehr gut an die Veranstaltung »Frauen in der Landwirtschaft und im ländlichen Raum im Land Brandenburg« im Jahr 1991 in Potsdam. Dort schlug ein Vertreter einer Arbeitsförderungsagentur den mittlerweile überwiegend arbeitslosen oder von Arbeitslosigkeit bedrohten Konferenzteilnehmerinnen allen Ernstes vor, den Beruf der Fußpflegerin zu ergreifen, wofür auch finanzielle Mittel bereitgestellt werden könnten. Ich sehe noch die weit aufgerissenen und verblüfften Augen der Frauen in der ersten Reihe vor mir. Vor ihrer Arbeitslosigkeit hatten sie meist qualifizierte technisch-landwirtschaftliche Berufe ausgeübt und glaubten nun vermutlich, ihren Ohren nicht mehr trauen zu können.

Ich habe diese Szene mit meinen Enkelkindern (um die zehn Jahre alt) in Form eines Interviews nachgespielt. Julia, mit Mikrophonattrappe in der Hand, fragte: »Was würden Sie denn jetzt den ar-

beitslosen Frauen aus der ehemaligen DDR emp-
fehlen?« Ich: »Da gibt es doch nur eins: Werden Sie
Fußpflegerin!«

Gleich schleppten meine Enkeltöchter Wassereimer, Schere, Nagelfeile, Handtücher und Nagellack
an und machten sich über meine Füße her – erst
in den Wassereimer, dann wieder raus aus dem Ei-
mer. Schließlich begannen sie, die Nägel mit der
Schere zu bearbeiten.

Gottlob kam ihre Mutter noch rechtzeitig ins
Haus zurück, um mich vor nicht ganz ungefähr-
lichen Hantierungen mit der Schere zu bewahren.
Wir haben die ganze Zeit herzhaft gelacht, ich zum
Teil mit Lachtränen in den Augen.

Wenn ich an die damalige Zeit in Potsdam und
die wahren Begebenheiten zurückdenke! So wit-
zig war das Ganze wahrlich nicht, schon gar nicht
für die Frauen in der ehemaligen DDR nach der
Wende. Eher düster und sehr traurig.

Mehr als zwei Drittel der im landwirtschaftlichen Sektor tätigen Personen verloren ihren
Arbeitsplatz, mehrheitlich Frauen.[1] Wie sehr
die Landfrauen (und nicht nur sie) damals unter dem Verlust ihres Arbeitsplatzes und den
sozialen Unsicherheiten litten, wurde auf vielen
Tagungen in dieser Zeit deutlich. Der plötzliche
und unerwartete Wegfall ihres Arbeitsplatzes
traf sie hart, es war oft der Beginn einer länger-

fristigen wirtschaftlichen Notlage und des sozialen Abstiegs.

Auf einer Tagung in Potsdam am 7.6.1993 wurden Protokolle von Interviews mit Frauen, die gerade ihren Arbeitsplatz verloren hatten, präsentiert. Die Äußerungen machten die Konferenzteilnehmerinnen sehr betroffen.

An dieser Stelle möchte ich einige Zitate daraus wiedergeben. Sie verdeutlichen das ganze Elend vieler Frauen nach der Wende infolge des Arbeitsplatzverlustes und sprechen für sich selbst.

Stichwort: Arbeitsplatzverlust
Birgit B.: »Ich wurde in meinem Betrieb entlassen, schon im März 1990. Als Erste – und dabei war ich die Einzige, die mit drei Kindern allein war. Du musst doch wirklich das Letzte sein, wenn du als Erste fliegst, hab ich mir immer wieder gesagt. Ich kam mir damals ganz, ganz furchtbar vor – also verlassen vor. Ich bin im Betrieb rumgelaufen, als wär' ich irgendwie jemand Ausgesondertes. Kollegen, die vorher noch mit mir gesprochen haben, redeten plötzlich nicht mehr mit mir. Ja, und ich habe damals gedacht, ich muss zusammenbrechen (...). Und das Schlimmste, das Schlimmste für mich war, dass da eben niemand da war, der mir hätte helfen können (...). Es schien so aussichtslos, überhaupt

'ne Arbeit zu bekommen, obwohl ich mich sehr viel beworben habe. ›Sie mit Ihren drei Kindern! Wär's nicht viel besser, Sie blieben ganz zu Hause und kümmerten sich?‹ Das hat mir ein Wessi bei einer Bewerbung gesagt. Stellen Sie sich das mal vor! Mich hat da so die Wut gepackt, dass ich kaum sprechen konnte.«[2]

Regina P: »Als ich damals arbeitslos wurde, das war furchtbar. Ich hab mich gefühlt wie ein Hund ohne Schwanz. Bin immer nur rumgerannt. Das war, wie wenn 'ne Welt zusammenbricht. lck habe mir immer jesacht (gesagt): Na du willst doch arbeiten, warum geht's denn bloß nicht! Da habe ich ooch mal mit'm Schuh nach 'nem Kind geworfen, so verzweifelt war ich (...). Als Alleinerziehende ohne Arbeit – die nächste Stufe ist ja nur Sozialhilfe. Und da fängste dann an zu zweifeln: Mensch, was machste denn falsch oder was ist hier falsch? Warum musstes'te eigentlich so viele Kinder haben? Aber ich hatte die mir doch alle gewünscht!

Jede Woche bin ich auf's Arbeitsamt. Die war'n dann richtig wütend auf mich. ›Sie kriegen doch Bescheid, Frau P.‹, haben sie mir gesagt. ›Ruh'n Sie sich doch erst mal aus, Sie mit Ihren drei Kindern.‹ War vielleicht nicht bös' gemeint. Aber ich konnte das nicht.«[3]

Heidrun K. (Sie ist so verzweifelt, dass das Gespräch mit der Journalistin immer wieder von ihrem Schluchzen unterbrochen wird): »Ich hatte ja immer noch gehofft, ich bin ja nun schon fast ein Jahr auf Kurzarbeit und hatte echt immer noch gehofft, dass vielleicht irgend ’ne Möglichkeit noch wäre, in dem Betrieb weiterzuarbeiten. Habe immer gedacht, dass wir es vielleicht doch schaffen, in der großen Marktwirtschaft irgendwo unterzukommen. (...) Nun existiert überhaupt nichts mehr, der Betrieb ist völlig aufgelöst.«[4]

Heidrun H.: »Ich bin jetzt seit anderthalb Jahren arbeitslos, krieg’ nun Arbeitslosenhilfe. (...) 1991 haben wir dann beide (Exmann, die Verf.) unsere Arbeit verlor’n. Ich kriegte keine Unterhaltszahlungen mehr für das Kind, und bis das Arbeitslosengeld kam, das hat gedauert. Und ich hab ja nie was auf dem Sparbuch gehabt. An ’nem Freitag bin ich dann mit dem Jungen zum Arbeitsamt nach B. gefahren. Hab mich einfach hingesetzt und gesagt: ›Ich bleib’ das Wochenende hier. Ich weiß nicht, wo ich hin soll mit dem Kind. Ich habe nichts zu essen zu Hause, weil ich eben kein Geld gekriegt hab’, na.‹ Und dann hat die Frau dort gesagt: ›Fahr’n se zum Sozialamt.‹«[5]

Stichwort: Dequalifizierung und Verschlechterung der Arbeitsbedingungen

Angesichts der desolaten Arbeitsmarktsituation war es für die meisten arbeitslosen Frauen nach der Wende schwer, einen neuen Arbeitsplatz zu finden. Viele von ihnen waren deshalb auch bereit, berufliche Nachteile in Kauf zu nehmen, sei es, dass sie eine weniger qualifizierte Tätigkeit annahmen, ihr berufliches Einsatzfeld wechselten oder eine Verschlechterung ihrer Beschäftigungs- und Arbeitsbedingungen hinnahmen, z. B. ungünstige Lage der Arbeitszeit, längere Arbeitszeiten, weniger Vergünstigungen am Arbeitsplatz zur besseren Vereinbarkeit von Familie und Beruf.

Die Kompromissbereitschaft hatte allerdings Grenzen, wie eine Befragungsstudie im Land Brandenburg zeigte, deren Ergebnisse auf einer Tagung im Juni 1993 in Potsdam präsentiert wurden. Demnach war die Mehrzahl der Frauen (überwiegend Alleinerziehende) nicht bereit, nach dem Motto »Hauptsache Arbeit« alle Bedingungen zu akzeptieren. Im Gegenteil: Sie wünschten sich eine Arbeit, die an ihre bisherigen beruflichen Erfahrungen anknüpft (78 %), die Bezahlung musste stimmen (90 %), sie wollten sich in ihrer Arbeit qualifizieren und fortbilden (82 %) und die Kinder sollten während der Arbeitszeit gut untergebracht sein (95 %).[6]

42

Anders Heidrun H., die möglicherweise eher zu den Ausnahmen unter den Befragten gehörte:

»Aber ich konnte das nicht (Leben ohne berufliche Arbeit, die Verf.). Als dann hier am Ort eine Gaststätte aufgemacht hat, habe ich mich gemeldet. Als Aushilfe, Gemüse putzen, abwaschen, kellnern, eben alles. Ich würde auch putzen gehen. Irgendwas. Arbeiten habe ich gelernt. Und Sozialhilfe, nee, ich nicht. Ich schaff das schon irgendwie.«[7]

Stichwort: Wachsende neue soziale Unsicherheiten

Mit der Wende veränderte sich für die Frauen eines schlagartig: Sie verloren die Sicherheit, alles alleine zu packen. Nie Angst haben zu müssen, die Kinder nicht allein ernähren zu können, sie nicht angemessen kleiden zu können, diese selbstverständliche Sicherheit, die sich nicht nur auf den Arbeitsplatz bezog, gab es nicht mehr.[8] Dies betraf alleinerziehende Frauen zweifellos besonders schwer. Hierzu zwei Zitate:

Regina P: »Zu DDR-Zeiten wusste ich immer, ich kann nicht durch irgendein Loch fallen, wenn ich krank bin oder die Kinder krank sind – ich hab` meine Arbeit und das Geld wird weiter gezahlt. Ich konnte ooch (auch) während der Arbeitszeit mit den Kindern zum Arzt gehen. Wenn ich damals mit den drei Kindern irgendwo hinkam, wurde ich immer freundlich angeseh'n. Jetzt ernten wir mitleidige Blicke (...). Die Menschen sind anders geworden.«[9]

Heidrun K.: »In der DDR als Alleinerziehende ist man sicherer gewesen. Da wusstest du auf alle Fälle, die Sicherheit für das Kind ist da – Krippenplatz, Hort, Geld. Natürlich gab's Rennereien oder dir wurde gesagt, wo du deine Schule zu haben hast und so was. Aber du wusstest genau, der kommt in die Krippe, in den Hort, dir steht das zu. Jetzt ist das alles nicht mehr so sicher. Damals war's egal, ob ich heirate oder nicht. Aber jetzt? Diese Sicherheit, wenn du verheiratet warst, dass du nachher mehr Geld kriegst oder der Mann mehr zahlen müsste oder so. Darum ging's ja bei uns nie. Mein Freund ist seit 1990 weg. Da hat er eben gemerkt, dass es viel zu früh sei, ein Kind zu haben. Dass er sich nun richtig verwirklichen will, hat er gesagt. Und dabei war'n das Kind und ich echt störend. Im Endeffekt hätte ich ja sowieso das Kind mehr haben wollen als er. Nun jobbt er überall mal, und ich krieg nicht mal richtig Geld für den Jungen. Meine größte Angst, das ist eigentlich mein Sohn. Ich habe Angst davor, dass es uns finanziell mal so schlecht geht, dass man vom

Äußerlichen merkt, dass wir Sozialhilfeempfänger sind oder so. Früher wusste man so ungefähr, was so wird, wenn der Junge größer ist. Aber jetzt habe ich Angst, was überhaupt aus ihm wird. Vor Drogen, vor Gewalt. Früher brauchte ich mir nie Hilfe holen, da bin ich von selber klar gekommen. Da ging das alles, sagen wir mal, seinen geregelten Gang. Man hatte nicht so viel Rennereien, nicht so viel Behördengänge. Ich hab immer gedacht, dass wir ein bürokratisches Land waren. Aber was jetzt ist! Für jedes braucht man 'ne Bescheinigung und een Stempel und een Formular! Das Problem ist, dass sich jetzt jeder so um seins kümmert. (...) Die Männer, die woll'n nicht noch 'ne Frau mit Kind. Wenn ich nur könnt, ich würde wieder in die DDR zieh'n.«[10]

Rückzug in die Hausfrauenrolle – die Lösung?

Angesichts hoher Massenarbeitslosigkeit und fehlender Beschäftigungsalternativen bliebe den Frauen in der ehemaligen DDR, so eine offenbar weit verbreitete westliche Sicht, »nur noch der Rückzug in die traditionelle Hausfrauenrolle«[11].

Zu dieser Thematik nahm Dr. Barbara Tietze, Landtagsabgeordnete aus dem Land Brandenburg, in einer Rede in Potsdam am 7.6.1993 empört Stellung: »Konservative Politiker sprechen zynisch von einer Anpassung an die Normalität der Altbundesländer, obwohl dies nicht dem Lebensentwurf der Frauen entspricht.«[12]

Dieses Ansinnen empfanden zweifellos nicht nur Politikerinnen aus der ehemaligen DDR als Zumutung. Meine Materialien aus der Zeit nach der Wende, aber auch meine Erinnerungen an diverse Veranstaltungsdiskussionen in den neuen Bundesländern sprechen eher dafür, dass die Mehrzahl der Frauen sich nicht in die Hausfrauenrolle zurückziehen wollte, es oftmals auch gar nicht gekonnt hätte. Zu diesem Ergebnis kam auch die oben zitierte Brandenburger Studie von 1992/93. Eine Ausnahme bildeten lediglich Frauen, die noch ihre sehr kleinen Kinder zu betreuen hatten. Sie befänden sich gleichsam in einem schlecht ausgestatteten Babyjahr, so die Autorinnen.[13] Weiterhin stellten die Wissenschaftlerinnen fest, dass die befragten Frauen mehrheitlich nicht bereit waren, zugunsten von Männern auf einen Arbeitsplatz zu verzichten.[14]

Heidrun K. sprach sicherlich für viele Frauen, als sie in einem Interview mit der Wissenschaftlerin Gislinde Schwarz äußerte: »Ich bin kein Freund davon, dass man Frauen verpflichtet, zu Hause zu bleiben. Warum denn bloß? Mein Sohn geht zum Beispiel in den Kindergarten, der hält sich viel lieber unter Kindern auf. Und ich will doch arbeiten. Was soll ich denn zu Hause mit ihm?«[15]

46

Arbeitsbeschaffungsmaßnahmen (ABM) und Beschäftigungsprojekte – ein Ersatz für vernichtete landwirtschaftliche Produktionsgenossenschaften (LPGs), volkseigene Betriebe und damit verbundene Arbeitsplätze?

Kurz nach der Wende und als Folge der Vernichtung (Liquidation!) von LPGs und volkseigenen Betrieben (oder Gütern) setzte eine starke Massenarbeitslosigkeit bei der Landbevölkerung in der ehemaligen DDR ein, die vor allem Frauen betraf. Man versuchte, dieser Entwicklung mit einer breiten Palette von Fördermitteln (Bund, Länder, Kommunen, EG, Bundesanstalt für Arbeit, Wohlfahrtsverbände und Kirchen) zu begegnen. Im Zentrum der Förderung standen zeitlich begrenzte Arbeitsbeschaffungsmaßnahmen (ABM), die sich zu einem hohen Anteil, zumindest was arbeitslose Frauen anlangte, auf wirtschaftsnahe Dienstleistungen, soziale Pflege- und Heilberufe (nicht nur Fußpflege!) und andere soziale Berufe, z. B. Beratungs- und Organisationstätigkeiten in sozialen Einrichtungen, bezogen.

Zuschüsse für ExistenzgründerInnen spielten eine eher untergeordnete Rolle im Tableau der Förderung, zumal nur 6 % der Männer und 3 % der Frauen beruflich selbstständig waren.[16]

Foto: Regine Hildebrandt – AdsD/FES

Die Fördermaßnahmen (ABM) waren zeitlich be-
grenzt, auf maximal zwei Jahre. Oft war eine Lohn-
fortzahlung erst nach einer halbjährlichen Pause
wieder möglich. Die angebotenen ABM-Stellen
knüpften in der Regel nicht an die beruflichen (landwirtschaftlichen und technischen) Qualifikationen

der in der Landwirtschaft ehemals tätigen Frauen an und waren meist vergleichsweise schlechter bezahlt. Kein Wunder also, dass die empfohlenen Arbeitsbeschaffungsmaßnahmen bei den ostdeutschen Frauen auf wenig Begeisterung stießen und eher als Notlösung betrachtet wurden.

Auf der oben erwähnten Tagung »Frauen in der Landwirtschaft und im ländlichen Raum im Land Brandenburg« am 30./31.1.1992 präsentierte die Gekas (Gesellschaft für Koordinierung von Arbeitsmarktförderung und Strukturentwicklung mbH), die im Auftrag des MAGSF und des MELF (Ministerium für Ernährung, Landwirtschaft und Forsten) tätig war, ihr arbeitsmarktpolitisches Sofortprogramm im Bereich Landwirtschaft. Danach plante sie innerhalb weniger Monate die Schaffung von mindestens 10.000 ABM-Stellen in Kommunen und Betrieben für aus der Landwirtschaft ausscheidende Personen.[17] Inwieweit und in welcher Form dieses Ziel erreicht wurde, haben wir nicht erfahren.

Im Rahmen unserer Veranstaltungen präsentierte die brandenburgische Landesregierung auch von ihr geförderte Modellprojekte, die durchaus auf Interesse bei den ostdeutschen Frauen stießen, aber lediglich einen Tropfen auf dem heißen Stein bildeten. Beispielhaft seien hier genannt: das »Projekt Hertefeld: Selbst gestaltete Zukunft im Dorf«, das Projekt »Wiederherstellung der Produktionsfähigkeit der Gärtnerei der ehemaligen LPG Dannenwalde«, Kreis Kyritz, aber auch einige ökologische Land- und Gartenbauprojekte und neue Tourismuskonzepte.[18]

Von etwas größerer Beachtung war die Förderung von sog. Mädchentreffs nach der Wende. Unter den neuen marktwirtschaftlichen Vorzeichen traf auch junge Mädchen ein ähnliches Schicksal wie typischerweise Frauen in Westdeutschland (größere Risiken, stärkere Benachteiligung, starke Segregation). Entsprechend titelte das »Neue Deutschland« am 14.11.1995: »Arbeitslos – 60 % sind Frauen. Treffs sollen Mädchen helfen, sich nicht ausgrenzen zu lassen«[19].

Foto: Ulla Schmidt – Fotografin: Magda Gressmann

50

Es war auch hier rasch klar, dass junge Brandenburgerinnen (und nicht nur sie) schlechtere Chancen auf dem Ausbildungsmarkt haben würden. Die 60 neu eingerichteten Mädchentreffs (mit ABM-Stellen) sollten das Selbstvertrauen der jungen Mädchen stärken und ihnen helfen, sich in der »rauen Wirklichkeit zu behaupten« und sich nicht auf einige wenige Berufe beschränken zu lassen. Angeboten wurden u. a. Computerkurse, berufliche Orientierung, betriebliche Besuche, Einstellungstests und Videowerkstätten. Die damalige Referatsleiterin Tatjana Böhm im MAGSF beklagte dann aber doch, dass durch das Wieder-Auslaufen von ABM-Stellen das mühsam Aufgebaute nicht gehalten werden könne. »Das darf nicht den Bach runter gehen«, so ihr Stoßseufzer.[20]

Zitate

1)   Die mir vorliegenden Materialien enthielten keine genauen Angaben über den Anteil an Frauen, die ihren Arbeitsplatz nach der Wende verloren haben.

2)   Vgl. Gislinde Schwarz: Identitäten von Alleinerziehenden, Referat gehalten auf der Tagung der Friedrich-Ebert-Stiftung »Alleinerziehende im Land Brandenburg« am 7.6.1993, S. 13. In: Sammlung Frauenpolitik, a.a.O., 6/SFES000047. Die Daten erheben keinen Anspruch auf Repräsentativität. Es handelt sich um Originalzitate, wobei der Dialekt übernommen und nicht ins Hochdeutsche übertragen wurde.

3)   Ebenda, S. 10.

4)   Ebenda, S. 4.

5)   Ebenda, S. 6 f.

6) Ost-West-Forschungskooperation: Petra Drauschke, Eva Mäd-je, Claudia Neusüß, Margit Stolzenburg: Ausdauernd, selbst-bewusst und (noch) optimistisch? Zur Erwerbsbeteiligung alleinerziehender Frauen in Brandenburg, Befragungsstudie 1992–93 im Auftrag des Brandenburger MASGF. Hier: Vortrag für die Tagung: »Alleinerziehende im Land Brandenburg« am 7.6.1993 in Potsdam, S. 10. In: Sammlung Frauenpolitik, a.a.O., 6/SFES000047. In der Untersuchung wurden schwerpunkt-mäßig alleinerziehende Frauen im weitesten Sinne befragt (z. B. auch verheiratete, von ihren Ehemännern getrennt le-bende Frauen, aber auch Frauen, die unverheiratet in Partner-schaften lebten). Der Status »verheiratet« oder »unverheiratet« hatte in der ehemaligen DDR allerdings einen anderen Stel-lenwert als in den alten Bundesländern.

7) Gislinde Schwarz u.a., a.a.O., S. 10.

8) Ebenda, S. 2.

9) Ebenda, S. 9.

10) Ebenda, S. 5 f.

11) Wirtschaftspolitische Diskurse Nr. 10, a.a.O., S. 30.

12) Barbara Tietze in ihrer Rede auf der Tagung »Alleinerziehende im Land Brandenburg« am 7.6.1993 in Potsdam, S.1. In: Samm-lung Frauenpolitik, a.a.O., 6/ SFES000047.

13) Ost-West-Forschungskooperation: Petra Drauschke, Eva Mäd-je und andere, a.a.O., S. 9.

14) Ebenda.

15) Gislinde Schwarz u.a., a.a.O., S. 5.

16) Über Fördermaßnahmen siehe u.a.: Programmzentrale des Ministeriums für Arbeit, Soziales, Gesundheit und Frauen des Landes Brandenburg: Erweitertes Sofortprogramm des Landes Brandenburg, Merkblatt. In: Sammlung Frauenpolitik, a.a.O., 6/SFES000001, sowie: Ministerium für Arbeit, Soziales, Gesundheit und Frauen des Landes Brandenburg: Förderung von Maßnahmen und Projekten mit Mitteln aus dem Europä-ischen Sozialfonds, 29.7.1991.

17) Ebenda, Merkblatt der Programmzentrale des MASGF.

18) Gekas: Arbeitsmarktpolitische Sofortmaßnahmen im Be-reich Landwirtschaft. In: Sammlung Frauenpolitik, a.a.O., 6/ SFES000001. (Etwa Anfang 1992, genaue Angaben fehlen.)

19) Jutta Schütz, dpa: Arbeitslos – 60 % sind Frauen, Neues Deutschland vom 14.11.1995. In: Sammlung Frauenpolitik,

a.a.O., 6/SFES000135. Bericht über die Tagung »Mädchenar-
beit (k)eine Selbstverständlichkeit« vom 2.11.1995.
20)   Ebenda.

3. Weg mit den Privilegien für Frauen – Verschlechterungen hinsichtlich der Vereinbarkeit von Familie und Beruf

Bei der Vorbereitung von Veranstaltungen in Leuna, Magdeburg und Merseburg, an der auch einige kommunalpolitisch interessierte Männer teilnahmen, kam es zu einem für mich denkwürdigen Ereignis. Auf das Thema »familienpolitische Sonderregelungen für Frauen bzw. Mütter in der ehemaligen DDR« angesprochen, reagierten einige der Männer mit einem hemmungslosen Wutausbruch, sinngemäß etwa in der Art: »Na, endlich ist es vorbei mit den Privilegien für Frauen. Jetzt können sie nicht mehr während der Arbeitszeit ihre Kinder zum Kindergarten/zur Kinderkrippe bringen bzw. vom Kindergarten abholen, alle naselang während der Arbeitszeit mit den Kindern zum Arzt gehen oder am sogenannten Hausarbeitstag zu Hause rumfaulenzen.«
Ich war über diesen plötzlichen lautstarken Schwall an Wut und Aggressionen, der sich gegenüber den anwesenden Frauen ergoss, erst mal ziemlich erschrocken. In meiner Funktion als Moderatorin aus dem Westen hielt ich es aber für

besser, mich aus diesen »internen« Auseinandersetzungen herauszuhalten. Zu meinem Erstaunen sagten die anwesenden Frauen keinen Pieps und ließen Aggressionen und Wortschwall über längere Zeit über sich ergehen.

Wochen später traf ich zwei der Frauen wieder, die an den Vorbesprechungen beteiligt waren. Sie kamen auf mich zu und erklärten mir verschmitzt, dass die »besonders frechen« Männer mit ihren Kandidaturen bei der Kommunalwahl durchgefallen seien (offenbar nicht zuletzt dank ihres Einsatzes gegen sie). Hier traf mal der Spruch zu: »Frauen sind oft still, können aber sehr nachtragend sein.«

Es wäre mir trotzdem sehr recht gewesen, wenn sie sich gegenüber den Männern auch direkt zur Wehr gesetzt hätten. Immerhin waren es die Frauen, die neben ihrer Vollzeitberufstätigkeit noch die Hauptlast an Verantwortung für die Kinderbetreuung zu tragen hatten. Hierfür waren die kleinen Vergünstigungen doch nur ein minimaler Ausgleich. Dies war aber den Männern offenbar nicht bewusst. Möglicherweise war ihnen (wie auch vielen anderen Männern in Ost und West) die zusätzliche Familienarbeit der Frauen eine unreflektierte Normalität und Selbstverständlichkeit.

Zweifellos waren diese »Privilegien« für Frauen in Ostdeutschland von großer Bedeutung und prägten ihr Selbstverständnis. Mit großem Bedauern registrierten sie deren Wegfall sowie den Verlust an sozialer Sicherheit durch die Wiedervereinigung, was sie auch in zahlreichen Veranstaltungen thematisierten.

Die Wissenschaftlerinnen Petra Drauschke und Margit Stolzenburg untersuchten in einer Studie die Veränderung der Lebensbedingungen alleinerziehender Frauen in Berlin Ost nach der Wende. Vermutlich sprachen sie für die meisten Frauen in Ostdeutschland, auch wenn sie sich im konkreten Beitrag auf alleinerziehende Frauen bezogen:

»Alleinerziehende Frauen waren in der DDR sozial abgesichert. Sie verfügten über einen Arbeitsplatz, ihre Kinder wurden in Krippen, Kindergärten und Hort fast zum Nulltarif betreut, bei Krankheit der Kinder wurden die Frauen zwischen vier und acht Wochen bezahlt freigestellt, Mieten, Grundnahrungsmittel, Kinderkleidung, Sport und Kultur waren in der Regel preiswert.«[1]

Außer Frage steht, dass alleinerziehende Frauen von der Verschlechterung der wirtschaftlichen und sozialen Lebensbedingungen nach der Wende besonders hart betroffen waren. Immerhin erklärten bei der oben zitierten Studie 26 % von ihnen, dass sie jetzt »knapper bei Kasse« seien.[2]

Das hatte viele Gründe (u. a. Arbeitslosigkeit, gestiegene Lebenshaltungskosten, Wegfall von Kinderbetreuungsmöglichkeiten). Besonders bemerkenswert erscheint mir in diesem Zusammenhang, dass sich viele Frauen über fehlende oder unzureichende Unterhaltszahlungen vonseiten der Väter beklagten.

Hierzu Petra Drauschke und Margit Stolzenburg: »Nur etwas über die Hälfte der Frauen (des Samples, die Verf.) erhält regelmäßig Unterhalt, alle anderen haben Probleme damit. (...) Mehr als jede 5. Frau muss den Gerichtsweg einschlagen, um die Unterhaltsansprüche ihrer Kinder zu sichern. Das war ihnen weitgehend unbekannt, denn in der DDR konnte der Unterhalt über den Betrieb gepfändet werden. Die große Mehrheit der Frauen muss Ämtergänge absolvieren, um den Unterhalt bzw. staatliche Zahlungen für ihre Kinder zu beantragen. Das kostet sie Zeit, Kraft und Nerven.«[3]

Auf vielen Tagungen in Ostdeutschland beklagten die Frauen eine spürbare Verschlechterung hinsichtlich der Vereinbarkeit von Familie und Beruf. Stellvertretend sei hier die damalige brandenburgische Sozialministerin Regine Hildebrandt genannt, die laut der Journalistin Anja Herold »oft wehmütig auf vergangene Zeiten in der DDR zurückblickte« und in ihren Reden nicht mit Vergleichen zu früher gespart habe. »Die Selbstverständlichkeit für die Frauen, acht Stunden täglich zu arbeiten, nicht erst nach Studium und Reisen Kinder zu bekommen, fehlt ihr im vereinigten Deutschland«[4], schrieb Herold. Die Journalistin kommentierte diese Position allerdings sehr kritisch: »In dieser Beziehung hat Frau Hildebrandt wohl vergessen: Die Frauen haben nicht aus purer Lust acht Stunden am Tag gearbeitet, sondern weil sie das Geld brauchten. Unsere Kindertagesstätten waren zum großen Teil keine Paradiese, sondern bloße Verwahranstalten. Und ob die Kinder, die morgens um sechs Uhr grau im Bus saßen und abends von ihren gestressten Müttern müde in die Kaufhalle und dann nach Hause gejagt wurden, sich nicht für einen freundlicheren Alltag entschieden hätten, bleibt dahingestellt.«[5]

Im Vordergrund familienpolitischer Maßnahmen in der ehemaligen DDR, die sich am Leitbild der sozialistischen Familie orientierten, stand die Vereinbarkeit von Familie und Beruf (bei Vollzeitberufstätigkeit). Diese Maßnahmen bezogen sich vor allem auf Frauen und Mütter. Eine mehr oder weniger maßgebliche Rolle spielten dabei ökonomische Überlegungen, insbesondere die wirtschaftliche Notwendigkeit, Frauen in den

Arbeits- und Produktionsprozess einzubeziehen, aber auch der Wunsch nach Erhöhung der dramatisch gesunkenen Geburtenrate sowie die Verwirklichung gleicher Rechte für Männer und Frauen im Erwerbsleben.

Im Dezember 1993 fand in Halle die Fachtagung »Familienpolitische Herausforderungen Mitte der 90er Jahre« statt. Dort gab Heinz Lampert einen kurzen Überblick über das auf dem VIII. Parteitag der SED im Jahr 1971 in der DDR verabschiedete Konzept der Familienpolitik als »Sache der ganzen Bevölkerung« sowie auf die in den folgenden Jahren eingeleiteten zielkonformen Maßnahmen.[6]

Zu diesen familienpolitischen Maßnahmen gehörten vor allem: Bereitstellung umfassender Kinderbetreuungseinrichtungen, nach Möglichkeit kompatibel mit dem Alltag normal berufstätiger und vollzeitbeschäftigter Frauen, bezahlte Freistellung bei Erkrankung von Kindern, ein monatlicher Haushaltstag für Mütter und (verheiratete) Frauen, ein Babyjahr bei vollem Lohnausgleich, Ehekredite, reduzierte Wochenarbeitszeit und mehr Urlaubstage für Mütter mehrerer Kinder sowie erleichterter Zugang zu Wohnungen.

Auf eine systematische und umfassende Darstellung familienpolitischer Maßnahmen in der ehemaligen DDR wie auf eine Behandlung und Bewertung familienpolitischer Leitbilder und

Ideologien muss in diesem Zusammenhang allerdings verzichtet werden, da sie den Rahmen dieses Textes sprengen würden.[7]

Festgehalten werden kann: Die KonferenzteilnehmerInnen aus Ost und West stimmten darin überein, dass die ehemalige DDR in Bezug auf Fragen der Vereinbarkeit von Familie und Beruf grundsätzlich fortschrittlicher als die Bundesrepublik gewesen ist.

Das galt im Übrigen auch für wichtige Teile des Familienrechts, worauf hier ergänzend hingewiesen sei. In diesem Sinne argumentierte Dr. Christine Bergmann, Senatorin für Arbeit, Berufliche Bildung und Frauen des Landes Berlin, in ihrer Eröffnungsansprache auf der Tagung »Kindeswohl – Elternrecht, Einheit oder Gegensatz« 1996 in Ost-Berlin.[8] Sie wies u. a. darauf hin, dass es in der ehemaligen DDR keine rechtliche Unterscheidung und Ungleichbehandlung von ehelichen und nichtehelichen Kindern gab und keine Amtspflegschaft für nicht verheiratete Mütter.

Prof. Dr. Ludwig Salgo von der Universität Frankfurt am Main bekräftigte aus juristischer und verfassungsrechtlicher Sicht diese Position auf derselben Fachkonferenz. Das Familienrecht in Deutschland habe seit Einführung des BGB (1990) von Anfang an der gesellschaftlichen Realität hinterhergehinkt. Das hinge damit zusammen,

60

so der Autor, dass es seinerzeit »einer bestimmten Oberschicht gelungen ist, ihr Familienbild (konservative Rollenmuster, die Verf.) in das BGB hineinzuschreiben. Deshalb gab und gibt es von wenigen Ausnahmen abgesehen einen enormen Nachholbedarf in Sachen Familienrecht«[9].

Erst mit der Eherechtsreform von 1977 hatten die Pflichten in Ehe und Familie für Frauen nicht mehr ausdrücklich Vorrang vor der Berufstätigkeit. Dennoch blieb die traditionelle geschlechtsspezifische Arbeitsteilung (Ernährerrolle und Berufsorientierung für den Vater, Haus- und Familienarbeit für die Mutter) mindestens bis in die 90er Jahre im Westen weitgehend stabil. Sie wurde durch die Gesetzgebung des BGB, durch sozialpolitische Maßnahmen wie gesetzliche Hinterbliebenen- und Krankenversicherung sowie die Steuergesetzgebung (Ehegattensplitting) gezielt gefördert. Diese Rahmenbedingungen stellten gravierende Hemmnisse für die Berufstätigkeit verheirateter Frauen und Mütter im Westen dar, die sich unter finanziellen Gesichtspunkten oft kaum noch lohnte.[10] Mit dem Problem der Vereinbarkeit von Familie und Beruf wurden Mütter weitgehend allein gelassen.

Dagegen war für Ostfrauen die Vollzeitberufstätigkeit gesellschaftliche Norm und als solche akzeptiert. Themen wie z. B. Teilzeitarbeit, Rückzug in die Hausfrauenrolle, Ehegattensplitting (angesichts hoher Arbeitslosigkeit und niedriger Einkommen ohnehin von geringer Relevanz) stießen bei ihnen auf geringes Interesse und wurden daher nur selten diskutiert.

Unter den gravierenden und überstürzten Veränderungen der Lebensverhältnisse von Familien in den neuen Bundesländern nach der Wende hatten nicht nur Frauen zu leiden. Angesichts dessen forderte Frank Bertsch, Leiter des Referats Wirtschaftliche Fragen der Familienpolitik im Bundesministerium für Familie und Senioren, in seinem Vortrag auf einer Fachtagung in Halle im Dezember 1993 vehement mehr Respekt und Unterstützung vonseiten der Bundesregierung und der westdeutschen Bevölkerung für ostdeutsche Familien:
»In Ostdeutschland haben die Daseinsentwürfe der Familien in den letzten Jahren mehrfach Brüche erfahren. (...) Den Anpassungsdruck, dem sich Familien in Ostdeutschland (...) ausgesetzt sehen, kann man sich nicht groß genug vorstellen. In vielen Fällen muss der soziale Abstieg mit einem Verlust an Lebensstandard akzeptiert werden. Familien haben deshalb vielfach den Eindruck, dass in der Gesellschaft in Vergessenheit geraten ist, dass sie es sind, die mit der Sicherung der Generationenfolge, mit der Erziehung ihrer Kinder, mit der Mobilisierung ihrer geistigen und emotionalen Re-

serven, die Zukunftsfähigkeit ihres Landes offen halten. Wer denn sonst?

Es gibt Anlass dies zu sagen. Erst hat der Zusammenbruch von Staat, Gesellschaft und Wirtschaftssystem die Daseinsentwürfe der Menschen in Ostdeutschland umgestürzt; danach hat die denkbar schwerste Strukturkrise von Wirtschaft und Beschäftigung die gerade erst gewonnenen neuen Lebensperspektiven vieler Menschen durch Arbeitslosigkeit erschüttert. Es sind die Familien, die für ihre Mitglieder diese Belastungen auffangen müssen. (...) Ein bisschen Respekt für die Familien in Ostdeutschland wäre schon angebracht und besondere familienpolitische Anstrengungen des Bundes, der ostdeutschen Länder und Kommunen sicher ebenso.«[11]

Die familienpolitischen Veränderungen hatten in Verbindung mit hoher Massenarbeitslosigkeit nach der Wende aus der Sicht etlicher ostdeutscher Konferenzteilnehmerinnen schwerwiegende Folgen. Beispielhaft sind an dieser Stelle zwei Aspekte zu erwähnen:

Auswirkungen auf die Geburtenrate

Die Landtagsabgeordnete Dr. Barbara Tietze (Land Brandenburg) wies 1993 in einem Vortrag darauf hin, dass die Geburtenzahlen innerhalb

von drei Jahren auf ein Drittel zurückgegangen
seien. Damit gehöre Brandenburg ebenso wie die
anderen Bundesländer zu den Gebieten mit den
niedrigsten Geburtenraten der Welt. Dabei verglich sie den »demografischen Einbruch« mit der
»Eroberung der Spanier in Südamerika«[12].

**Auswirkungen auf die familiären Beziehungen:
weniger Zusammenhalt und gemeinsames Handeln**

Stellvertretend für viele sei hier nochmals Regina
P. zitiert:
   »Die Menschen sind anders geworden. Ich merk's
ja an meinen Freunden. Die haben nur noch drei
Dinge im Kopf: Auto, Reisen und Geld anschaffen. Früher haben wir überlegt, was können wir
zusammen machen. Aber jetzt, mit weniger Geld
und alleene (alleine) mit Kindern – da biste abgestempelt, da biste nicht mehr salonfähig.«[13]

Nach der Wende erhoben ostdeutsche Politikerinnen vielfältige und weitreichende **Forderungen**
für eine kinderfreundlichere Gesellschaft. Regine Hildebrandt nannte z. B. die Anhebung des
Kindergeldes auf 600 Euro, eine Verkürzung der
Arbeitszeit auf täglich sechs Stunden, den Bau von
jährlich 200.000 Wohnungen und die Abschaf

fung des Ehegattensplittings, mit dem »die Frau endgültig zur Hausfrau degradiert würde«[14].

Die Bundestagsabgeordnete Angelika Barbe äußerte 1994: »Nach der Wende konfrontierten uns westdeutsche Frauen mit der typischen westdeutschen Alternative: Familie oder Beruf, während wir ostdeutschen Frauen mit einem breit gefächerten Sozial- und Kinderbetreuungssystem in der DDR niemals vor dieser Frage standen, sondern selbstverständlich beides miteinander vereinbaren konnten.« Ausgehend von dieser Feststellung forderte Angelika Barbe u. a. eine Neuorientierung von Familienpolitik als Querschnittsaufgabe, einen sozial gerechten Kinderlastenausgleich, einen Rechtsanspruch auf einen Kitaplatz und eine »staatlich geförderte Gleichstellungspolitik, die ihren Namen auch verdient«.[15]

Foto: Christine Bergmann – Fotografin: Magda Gressmann

Zitate

1)   Petra Drauschke, Margit Stolzenburg: Veränderte Lebens-
     bedingungen alleinerziehender Frauen und ihrer Kinder in
     Berlin Ost nach der Wende aus arbeitsmarkt- und sozialpo-
     litischem Blickwinkel, Studie im Rahmen des Förderpro-
     gramms Frauenforschung des Senats von Berlin, Kurzfas-
     sung der Ergebnisse auf der Tagung »Internationales Jahr
     der Familie – Chancen für eine gerechte Familienpolitik in
     Deutschland«, Berlin-Marzahn am 8.6.1994, S. 1. In: Samm-
     lung Frauenpolitik, a.a.O., 6/SFES000057.

2)   Ebenda S. 10

3)   Ebenda, S. 2

4)   Anja Herold: Kinder sind die häufigste Ursache für Armut,
     Hall. Tageblatt, Dezember 1993. In: Sammlung Frauenpolitik,
     a.a.O., 6/SFES000041.

5)   Ebenda.

6) Vgl. Heinz Lampert: Der Beitrag von Familien mit Kindern zur Humanvermögensbildung, S. 130 ff, In: Schriften des Deutschen Vereins für Öffentliche und Private Fürsorge: Sozialpolitik und Wissenschaft, Allgemeine Schrift 269, Frankfurt am Main 1992. In: Sammlung Frauenpolitik a.a.O. 6/SFES000134

7) Vgl. hierzu Heinz Lampert: Leitbild und Maßnahmen der Familienpolitik in der DDR. In: Rosemarie von Schweitzer (Hrsg.): Leitbilder für Familie und Familienpolitik, Festgabe für Helga Schmucker, Berlin 1981, S. 63 ff.

8) Christine Bergmann: Reform des Kindschaftsrechts – Notwendigkeit und Handlungsbedarf. In: Dokumentation zur Fachtagung der Friedrich-Ebert-Stiftung: Kindeswohl – Elternrecht, Einheit oder Gegensatz, Weiterentwicklung des Kindschaftsrechts, Bonn, Januar 1979, S. 9.

9) Ludwig Salgo: Kindschaftsreformgesetz 1996, Reformmodelle und ihre kritische Würdigung. In: Dokumentation zur Fachtagung: Kindeswohl – Elternrecht, Einheit oder Gegensatz, a.a.O., S. 13.

10) Zum Thema »geschlechtsspezifische Arbeitsteilung« siehe u. a. Ingrid Langer: Das neue Kindschaftsrecht aus familienpolitischer Sicht. In: Dokumentation zur Fachtagung: Kindeswohl – Elternrecht, Einheit oder Gegensatz?, a.a.O., S. 27 ff.

11) Frank Bertsch: Die wirtschaftliche Situation der Familien in den neuen Bundesländern, S. 4 f. Fachbeitrag auf der Fachtagung der Friedrich-Ebert-Stiftung: Familienpolitische Herausforderungen Mitte der 90er Jahre, Halle 10. und 11.12.1993. In: Sammlung Frauenpolitik, a.a.O.,6/SFES000041.

12) Barbara Tietze: Alleinerziehende in Brandenburg. In: Sammlung Frauenpolitik, 6/SFES000047, S. 1.

13) Gislinde Schwarz, a.a.O., S. 9.

14) Zitiert nach Anja Herold, a.a.O.

15) Angelika Barbe: Familienpolitik als Standortfaktor ist jahrzehntelang vernachlässigt worden, Pressemitteilung vom 4.6.1994 anlässlich des Workshops »Internationales Jahr der Familie – Chancen für eine gerechte Familienpolitik in Deutschland«. In: Sammlung Frauenpolitik, a.a.O.,6/SFES000057.

4. Wir wollen Selbstbestimmung statt Bevormundung: kein § 218 in Ost und West

Des Öfteren war von westlichen Stimmen zu hören, die Frauen in Ostdeutschland hätten sich nach der Wende nicht genügend gegen den Abbau ihrer Rechte gewehrt. So auch in Zusammenhang mit dem § 218 zum Schwangerschaftsabbruch bzw. dem drohenden Wegfall der Fristenregelung der ehemaligen DDR. Irgendwie stand dabei auch der Vorwurf im Raum, keine eigene autonome Frauenbewegung zu DDR-Zeiten entwickelt zu haben.

Umso ungeduldiger forderten westdeutsche Frauen, »die schon jahrelang um bessere Verhältnisse für Frauen ringen – auch um Veränderung des Paragraphen 218 – von den ostdeutschen Frauen ein aktiveres Mitwirken. Gemeinsam müsse man sich engagieren, damit für Frauen bessere Gesetze geschaffen werden«, heißt es im Artikel »Gemeinsam für bessere Frauenrechte« in der Magdeburger Volksstimme vom 2.12.1991.[1]

Dass es den ostdeutschen Frauen diesbezüglich an Engagement fehlte, kann ich nicht bestätigen. Auf zahlreichen deutsch-deutschen Veranstaltungen in den neuen Bundesländern gab es leidenschaftliche Diskussionen zum § 218. Im Vorfeld zu diversen Veranstaltungen wurden Aktionen durchgeführt, beispielsweise die Unterschriftensammlung: »Die Teilnehmerinnen der Tagung Frauen in der Landwirtschaft und im ländlichen Raum im Land Brandenburg in Potsdam am 30. und 31.1.1992 fordern die ersatzlose Streichung des § 218«[2]. In etlichen Diskussionen wurde auf anstehende Kundgebungen und Demonstrationen hingewiesen, z. B. im Vorfeld zur Bundestagswahl auf dem Alexanderplatz oder am Brandenburger Tor.

Zur Erinnerung: Schwangerschaftsabbruch in der DDR und der BRD

Seit 1972 hatten Frauen in der DDR im Rahmen einer Fristenregelung ein Recht auf selbstbestimmte Schwangerschaft. Sie konnten innerhalb von zwölf Wochen nach Beginn der Schwangerschaft über deren Abbruch eigenverantwortlich entscheiden.

In der alten Bundesrepublik galt die Indikationsregelung (medizinische, ethische und eugenische Indikation), 1976 kam als vierte Indikation die soziale hinzu. In diesen Fällen galt Straffreiheit, wenn der Abbruch in den ersten zwölf Wochen durchgeführt wurde und eine Beratung stattgefunden hatte. Der Versuch, eine Fristenlösung in der alten BRD durchzusetzen, vonseiten der SPD- und FDP-Bundestagsfraktion initiiert, war 1975 am Einspruch des Bundesverfassungsgerichts gescheitert.

Mit dem deutschen Einigungsprozess hatten die Diskussion und der Kampf um den § 218 StGB an großer Aktualität gewonnen. Der deutsche Einigungsvertrag enthielt den Auftrag an den Gesetzgeber, bis Ende 1992 eine bundeseinheitliche Rechtslage zum Schwangerschaftsabbruch zu schaffen. Bis dahin blieben die alten Regelungen erhalten, d. h. die Fristenregelung für die neuen Bundesländer und die Indikationsregelung für die alten Bundesländer.

Nach der Wende legten verschiedene Parteien im Deutschen Bundestag diverse Gesetzentwürfe vor, die im Rahmen dieses Buches nicht ausführlich dargestellt werden können. Sie unterschieden sich hinsichtlich Strafverfolgung bei Schwangerschaftsabbrüchen (mit und ohne sowie mit eingeschränkter Strafverfolgung nach der 12. oder 22. Schwangerschaftswoche), Beratungspflicht (mit und ohne) und sozialer Hilfsmaßnahmen, wie z. B. den Ausbau von Kinderbetreuungseinrichtungen.

1995 verabschiedete der Deutsche Bundestag eine bundeseinheitliche Neuregelung zum Schwangerschaftsabbruch, die bis heute gilt. Danach sind Abtreibungen grundsätzlich strafbar. Es gibt aber Ausnahmen, insbesondere wenn der Abbruch in den ersten zwölf Wochen erfolgt und eine Beratung in einer anerkannten Beratungseinrichtung stattfindet. Eine vom Bundestag 1992 beschlossene

Neuregelung (nicht rechtswidriger Abbruch innerhalb einer bestimmten Frist und bei Beratung) war vom Bundesverfassungsgericht im Mai 1993 als verfassungswidrig abgelehnt worden, da sie dem Schutz des werdenden Lebens nicht gerecht würde.

Für die Ostfrauen war das Recht auf selbstbestimmten Schwangerschaftsabbruch (Fristenregelung der ehemaligen DDR) alternativlos. Die diskutierten und im Deutschen Bundestag von den verschiedenen Parteien eingebrachten Indikationslösungen, das Urteil des Bundesverfassungsgerichts vom Mai 1993 sowie diverse Beratungsregelungen (»Zwangsberatung«) stießen auf vielen Veranstaltungen in den neuen Bundesländern auf große Empörung.

Die folgenden Zitate basieren auf Mitschriften von Diskussionen mit anonym gebliebenen Veranstaltungsteilnehmerinnen, die sich auf einer Fachtagung in Berlin-Marzahn 1992 mit dem Titel »Wir wollen Selbstbestimmung statt Bevormundung: Kein § 218 in Ost und West« äußerten. Sie zeigen die einhellige Abwehrhaltung gegen Fremdbestimmung von Frauen in der Frage des Schwangerschaftsabbruchs:

N.N. 1: »Egal jetzt, welche Partei über das eigene Schicksal zu entscheiden hat, das kann irgendwo nicht angehen. Ich bin dafür: Beratung ja, Beratung gab's auch zu DDR–Zeiten (...). Aber die Entscheidung muss in jedem Fall bei der Frau bleiben. (...). Nicht einmal der eigene Partner kann letztendlich die Entscheidung abnehmen, er kann nur dafür oder dagegen sprechen und austragen letztendlich müssen wir es selbst.«[3]

N.N. 2: »Ich habe vier Fehlgeburten, ich habe also zehn Jahre lang gekotzt. Ich sage es in dieser Sprache, damit es deutlich wird, in welche Lage wir Frauen kommen (können, d. Verf.). Kein Mann kann das nachempfinden, wie es uns ist, weder körperlich noch psychisch, was bei uns abgeht.«[4]

N.N. 3: »Obwohl wir für dumm verkauft werden, wird uns dann die Erziehung der Kinder allein überlassen.«[5]

Besonders vehement setzten sich Ostpolitikerinnen für die bisher geltende Fristenregelung der ehemaligen DDR ein. Sie verwahrten sich massiv gegen alle westlichen Vorschläge und Gesetzesentwürfe, soweit sie Indikationenregelungen oder Zwangsberatung betrafen.

Gerlinde Schnell, die stellvertretende SPD-Fraktionsvorsitzende im Landtag Mecklenburg-Vorpommern, erklärte auf einer Tagung in Greifswald im September 1993: »Sechs alte Männer und eine Frau (vom Bundesverfassungsgericht, d. Verf.)

maßen sich an, von oben herab, gegen den Willen
einer Mehrheit zu beschließen.«[6]

Foto: Rosemarie Bechthum – AdsD/FES

Rosemarie Bechthum, Landtagsabgeordnete in
Thüringen, vertrat auf einer Tagung in Erfurt
im Oktober 1991 im Hinblick auf die parlamen-
tarische Diskussion über die deutsch-deutsche

Abtreibungsregelung den Standpunkt: »Es gibt keine gottgewollte Mutterrolle. Keine Frau lässt sich bei der für sie schwierigen Entscheidung für oder gegen das Kind von einem Arzt überreden. Wer eine Schwangerschaftsunterbrechung vorhat, der macht das auch.«[7] Gleichzeitig warnte sie davor, dass sich bei einer Indikationslösung eine Art Doppelmoral entwickeln könnte. Frauen mit Geld könnten sich bei der Entscheidung für die Indikationslösung eine teure Abtreibung im Ausland leisten. Ebenso würden Frauen, die sich gut artikulieren könnten, leichter bei einem Arzt eine Indikation bekommen. Ausgetragen würde es dann, so Rosemarie Bechthum laut eines Presseberichts, »wieder auf dem Rücken derjenigen, die nicht das Geld oder das Geschick der anderen haben«[8].

Die Diskussionen über eine neue Gesetzgebung zum Schwangerschaftsabbruch nach der Wende waren bei den Ostfrauen immer von großen Emotionen begleitet. Im Zusammenhang mit der Indikationslösung oder dem Urteil des Bundesverfassungsgerichts fielen Ausdrücke der Empörung und Wut: Das Urteil des Bundesverfassungsgerichts wurde als »Gipfel der Scheinheiligkeit« und »Hohn gegenüber Frauen« bezeichnet und als »Wahnsinnsschock« empfunden. Es war von einer »Kriminalisierung von Ärzten« die Rede und bei

»Bevormundung« von Frauen durch Strafandrohung/§ 218 und »Zwangsberatung« von einer »Perversion ohnegleichen«.[9]

Stärker noch als Gefühle der Entrüstung und Wut waren meinem Eindruck nach bei den Ostfrauen vor allem Emotionen der Macht- und Ratlosigkeit, die immer wieder bei den Veranstaltungen zum Ausdruck kamen, sei es gegenüber westlichen, aber auch ostdeutschen (vor allem männlichen) Politikern, westlichen Parteien, Gerichten (Bundesverfassungsgericht), oder sei es gegenüber Kirchen, Medien, intransparenten bürokratischen Abläufen, z. B. im Deutschen Bundestag und seinen diversen Ausschüssen.

Bemerkenswert und auffallend, so mein Eindruck, waren ihre Bemühungen, sich gegenseitig Mut zu machen und zu stärken, sowie ihre immer wiederkehrenden Warnungen davor, sich von Machtpolitikern und Juristen aus dem Westen (»verdammtes Expertenwissen«) einschüchtern und kleinmachen zu lassen, wider eigenen besseren Wissens und Erfahrungen.

Hierzu einige wortwörtliche Zitate aus Mitschnitten, ohne Namensangaben von einer Veranstaltungsdiskussion in Berlin-Marzahn im Februar 1992:

N.N. 1 (Teilnehmerin): »Wenn ich das so höre, dann schreckt mich eigentlich auch diese starke Lobby im Bundestag zurück. Ich fühle mich eigentlich auch so'n bisschen verraten von unseren Ostpolitikern. Wir sind ja hier alle aufgewachsen, ein großer Teil im Osten, also ich auch, und wir hatten ja diese gute Gesetzgebung. Ich verstehe nicht, dass diese Ostpolitiker sich in Bonn nicht stärker machen können, denn ich glaube nicht, dass ich das hier so ohne Weiteres kann. Wir haben die ja gewählt und ich fühle mich da einfach irgendwo verraten. Was vorhin die Frau Bergmann (Berliner Senatorin Dr. Christine Bergmann, die Verf.) sagte, oder der Herr Meyer (Prof. Jürgen Meyer, die Verf.) mit dieser Zwangsberatung der sozialen Gesetzgebung, das würde ich gar nicht mal so schlecht finden. Ich denke, dass einige Frauen dann erst den Entschluss fassen, zur Abtreibung zu gehen. Wenn man sich das mal so vorrechnet anhand der Sozialhilfe. (Sie würden, die Verf.) dann erst mal sehen, dass sie verkauft und verraten sind, und dass man damit kein Kind großziehen kann, wenn man vielleicht noch alleinerziehend wird.«[10]

N.N. 2 (Teilnehmerin): »Schluss mit Schweigen und Dulden! Das ist ja diese Seite, in der Frauen sich immer schnell in eine Situation reinschicken und sie dann noch versuchen zu gestalten. Was mir Angst macht, ist auch schon wieder dieses – sagen wir mal – überproportionale Expertenwissen, was hier auch hochkommt. Angelika (Angelika Barbe, MdB, die Verf.), Sie haben das am Anfang bei Ihren Bemerkungen gesagt. Sie zucken zurück, die Juristen, sind nicht sicher auf der Strecke, sicher auf der justiziablen Seite (...). Aber Sie sind doch die Betroffene! Herrgott noch mal! Wir wissen doch, wohin die Welt gebracht worden ist durch dieses verdammte Expertenwissen. (Beifall aus dem Publikum) Das ist ein juristisches Instrument, verdammt noch mal! Ein Instrument in den Händen von Politikern, von Machtpolitikern. Wir müssen das einfach lernen, vom Tisch zu wischen, denke ich, und auch so auftreten, die lächerlich zu machen, sie sind ja nicht die Betroffenen. In dem Fall auch so'n bisschen den Theatervorhang wegreißen, den diese Herren ja immer, um sich in Szene zu setzen, hervorragend wedeln oder fallen und hochziehen können.«[11]

N.N. 3 (Teilnehmerin): „Ich finde das unerträglich, diese Heuchelei mit den Konfessionen. Von mir aus kann jeder in seinem Glauben selig werden, aber wenn damit Politik betrieben wird, und das wird ja gemacht, dann finde ich es unerträglich. [12]

N.N. 4 (Teilnehmerin): »Ich habe mir mal am Wochenende den Spaß gemacht und habe mal nachgezählt (im Handbuch der Bundestagsabgeordneten, d. Verf.), wer alles davon katholisch ist. Es sind 218. Das muss man einfach nur mal wissen, 218 von 661, das ist also ein Drittel, die eben auch ihre Ansicht vertreten und da große Gewissensprobleme haben und deshalb (...) die Mehrheitsverhältnisse hier.«[13]

Auf Seiten von Ostpolitikerinnen waren in den Diskussionen um eine Neuregelung des Schwangerschaftsabbruchs im Rahmen einer gesamtdeutschen Lösung immer wieder Gefühle der Machtlosigkeit und Enttäuschung zu spüren. Sie mussten fast immer befürchten, dass die Fristenregelung der DDR nicht erhalten bleiben würde.

Angelika Barbe, MdB, äußerte: »Wir (gemeint: SPD-Bundestagsfraktion) haben keine Mehrheit im Bundestag«, oder: »Medienpolitik ist natürlich immer so 'ne Sache. Ich denke daran, dass sich seit etwa einem Vierteljahr nicht ein Artikel von mir zu § 218 bei einer Zeitung unterbringen ließ.« Und an anderer Stelle: »Noch eins: Wir werden nachfragen, wo diese Initiativen (gegen den § 218 und für die Fristenlösung, die Verf.) geblieben sind. Es kann auch sein, die rumoren irgendwo im Petitionsausschuss rum. Da brauchen die immer unheimlich viel Zeit, bis die als Sammelpetitionen dann irgendwann auf den Tisch der Abgeordneten kommen.«[14]

Gelegentlich tauchte der Verdacht auf, dass es bei den Diskussionen um den § 218 bzw. die Fristenregelung der ehemaligen DDR nicht so sehr um den Schutz des werdenden Lebens gehe als vielmehr um die Abwertung der DDR, ihre gesellschaftspolitischen »Errungenschaften« (z. B. die Fristenregelung) und ihren hohen Anteil an der Wiedervereinigung. Beispielhaft sei eine weitere Teilnehmerin von der Berlin-Marzahn-Veranstaltung zitiert:

»Das ist die Strategie der patriarchalen Männer, die den § 218 nehmen, um diese Gefühle, die sie haben hier von Entwertung (der Fristenregelung in der DDR als einer gesellschaftspolitischen »Errungenschaft«, die Verf.), deutlich ins Bewusstsein dringen zu lassen. Keine einzige Abtreibung soll damit verhindert werden. Das ist das Ziel, deswegen sage ich Machtfrage.«

Und etwas später: „Das wertet sozusagen im Verhältnis zu Ost-West auch das Gewicht derjenigen, die jetzt hier die Wende tragen, eher ab, und auch das ist Teil der Machtfrage. Für mich ist das eine sehr gut kalkulierte Machtfrage, die mit Moral und Lebensschutz schon lange nichts mehr zu tun hat,

aber die Abwertung der Position der Frauen und
Abwertung der DDR im Verhältnis zur BRD, das
steckt dahinter, weil pragmatisch kann man mit
der 218-Debatte nichts mehr wollen.«[15]

Foto: Tatjana Böhm (rechts) – Fotografin: Magda Gressmann

Zitate

1)   Zitiert aus dem Artikel: Gemeinsam für bessere Frauenrechte, Magdeburger Volksstimme vom 2.12.1991 In: Sammlung Frauenpolitik, a.a.O., 6/SFES000201.

2)   Vgl. Sammlung Frauenpolitik, a.a.O., 6/SFES000001.

3)   Mitschrift von Diskussionen, S. 13 f. In: Sammlung Frauenpolitik, a.a.O., 6/SFES000003.

4)   Ebenda, S. 15.

5)   Ebenda, S. 24.

6)   Vgl. hierzu: Forum mit über 50 Teilnehmerinnen zum Paragraphen 218: Frauen wehren sich gegen Karlsruher Urteil, Greifswalder Lokalseite der Ostseezeitung vom 14.9.1993. In:

Sammlung Frauenpolitik, a.a.O., 6/SFES000201 (Pressespiegel
1993).

7)   Vgl. Das Rechthaben müssen die Frauen noch lernen, Thürin-
ger Tageblatt, Erfurt und Umgebung, vom 7.10.1991. In: Sammlung Frauenpolitik a.a.O. 6/SFES000201.

8)   Gesprächskreis Frauenpolitik tagte: Weg zum Gericht zur Forderung des Rechts noch sehr ungewohnt, Erfurter Tagespost
vom 8.10.1991. In: Sammlung Frauenpolitik, a.a.O., 6/SFES
000201 (Pressespiegel 1991).

9)   Siehe Pressespiegel 1990–1993. In: Sammlung Frauenpolitik,
a.a.O., 6/SFES000201.

10) Mitschrift von Diskussionen, S. 16. In: Sammlung Frauenpolitik, a.a.O., 6/SFES000003.

11) Mitschrift von Diskussionen, ebenda, S. 18.

12) Ebenda, S. 18.

13) Ebenda, S. 14.

14) Ebenda, S. 20 und 24.

15) Ebenda, S. 20 f.

5. Nachts sind alle Ecken grau – wohnungs- und städtebauliche Aspekte

Wie können wir Angsträume aus einer Großstadt verbannen? So lautete eine der Fragen zum Themenkomplex »Wohnungs- und Städtebau«, über die auf etlichen Tagungen in ostdeutschen Bundesländern diskutiert wurde.

In Magdeburg hatte die damalige Frauenbeauftragte Kerstin Split 1992 eine Fotoserie zu diesem Thema entwickeln lassen, um die Magdeburger BürgerInnen dafür zu sensibilisieren. Die Präsentation auf einer Konferenz stieß bei den Teilnehmerinnen auf viel Zustimmung. Sie lenkte die Aufmerksamkeit vor allem auf folgende »Angsträume«:
- dunkle unbeleuchtete Hausdurchgänge (mit konkreten Ortsangaben, z. B. in Magdeburg Nord),
- hohe Sträucher an Wegen,
- Fußgängertunnel bzw. Unterführungen, die relativ unbelebt sind (mit konkreten Ortsangaben in Magdeburg),
- gefährliche Wohngegenden (mit Hinweis auf konkrete Stadtviertel), die angstbesetzt seien und in die deshalb niemand gerne ziehen wollte, und wo sogar Männer »es vorziehen würden, dort nachts mitten auf der Straße zu gehen«[1].

Zu ähnlichen Ergebnissen kam eine Umfrage, die 1993 in Dresden im Rahmen der SPD-Aktion »Frauen planen ihre Stadt« in Verbindung mit einer Fotoausstellung der SPÖ Wien durchgeführt wurde.[2]

Demnach hatte die Mehrheit der zufällig befragten Frauen »im Dunkeln Angst« (fast drei Viertel von ihnen), vor allem in menschenleeren, unüberschaubaren und schlecht beleuchteten Gebieten. Sie kannten Haltestellen, an denen sie nicht aussteigen würden, und ließen sich abends aus finsteren Gegenden von Bekannten oder Taxen abholen. Jede Fünfte ging abends gar nicht mehr vor die Tür. Einige von ihnen besuchten deshalb sogar Kurse für Kampfsportarten.

Vor diesem Hintergrund forderten die Frauenbeauftragten der Städte Dresden (Brunhild Friedel) und Magdeburg (Kerstin Split) – unter dem Beifall der jeweiligen Konferenzteilnehmerinnen – eine wirkungsvollere Bekämpfung von Angsträumen in ihren Städten, z. B. durch eine generelle Verbesserung des ÖPNV und eine wesentlich bessere Beleuchtung aller Haltepunkte.[3] Auch müsste dieser Gesichtspunkt bei der Stadtplanung stärkere Berücksichtigung finden, um Frauen vor Überfällen und Belästigungen an kritischen Orten besser zu schützen.

Auf große Zustimmung bei den Konferenzteilnehmerinnen stieß der Gedanke von Kerstin Split, eine Ausschreibung zur Gestaltung von Wohngebieten aus dem Blickwinkel von Architektinnen durchzuführen, die ein Gespür für die Nöte und Sorgen von Frauen hätten.[4]

Als das größte Problem in den Diskussionen zum Wohnungs- und Städtebau erwies sich allerdings die gestiegene Wohnungsnot, vor allem für ältere und alleinstehende Frauen sowie Jugendliche. Viele Frauen fürchteten sich vor gravierenden Mietsteigerungen und Räumungsklagen. Die Landtagsabgeordnete von Sachsen-Anhalt Katrin Budde wies in diesem Zusammenhang auf den zwar noch bestehenden Kündigungsschutz von Wohnungen hin, der aber demnächst (1993) wegfallen würde.

Große Sorgen bereitete die sichtliche Zunahme »übler Tricks« seitens neuer Wohnungseigentümer, über die mehrfach berichtet wurde. Die Praktiken der Hausbesitzer würden sich so entwickeln, dass nicht gewollte HausbewohnerInnen trotz Kündigungsschutz aus ihren Wohnungen hinausgedrängt werden, so Kerstin Split. Sie veranschaulichte dies an einem konkreten Fall:

»In unser Büro kam beispielsweise eine behinderte Frau mit drei Kindern, die in solch einem

Haus wohnte. Der neue Hausbesitzer begann mit Sanierungsarbeiten und Baugeschehen fast rund um die Uhr. Zu dieser nervlichen Belastung kam hinzu, dass er wenigstens einmal in der Woche an der Wohnungstür dieser jungen Frau stand und fragte, ob sie nicht endlich schon etwas anderes gefunden hat. Ihr konnte mit Hilfe der Magdeburger Wohnungswirtschafts GmbH (MWW GmbH) geholfen werden. Diese Praktiken häufen sich.«[5]

Immer öfter waren unsichere finanzielle Verhältnisse die Ursache für prekäre Wohnverhältnisse: Scheidung, Arbeitslosigkeit, ausbleibende Zahlungen von Ämtern, Arbeitgebern und Ex-Partnern sowie fehlende Sparanlagen verschärften die Situation. Drastisch gestiegene Lebenshaltungskosten taten ein Übriges, um das Leben vieler Menschen in Ostdeutschland zu erschweren.[6] Dem müsse mit umfangreicher Förderung des sozialen Wohnungsbaues begegnet werden, so die einhellige Meinung auf Tagungen.

Nicht zuletzt nahmen wachsende Mängel im Bereich der Infrastruktur in den Diskussionen breiten Raum ein: z. B. fehlende Gemeinschaftsräume und Treffs für verschiedene Altersklassen, schlechte Ausstattung von Kinderspielplätzen und Parkanlagen, steigende Preise im ÖPNV.

Als besonders wichtig wurde in diesem Zusammenhang die stärkere Beteiligung von Frauen an der Stadtplanung gesehen. Dabei sollten nicht die schnellen Verkehrswege, Parkplätze, Tunnel usw. im Vordergrund stehen, sondern die Stadt der »kurzen Wege«, angstfreie Räume, der Ausbau des ÖPNV sowie die Gestaltung von Wohnungen und der Wohnumgebung.

Besonders bemerkenswert fand ich die Forderung nach reinen Männerwohnheimen, »damit Gewalt, die in zerrütteten Familien leider zum Alltag gehört, durch räumliche Trennung abgebaut wird«. So könnten z. B. die 57 Frauen, die zusammen mit ihren Kindern seit Dezember 1993 in einer sog. Krisenwohnung in Dresden untergekommen seien, zum Schutz vor ihren aggressiven Männern in ihrem Umfeld bleiben.[7]

Ganz sicher hatten nicht alle Klagen der Frauen mit den Folgen der Wiedervereinigung zu tun, wie z. B. die schlechte Bausubstanz der Häuser, der mangelhafte Erhaltungszustand von Wohnungen, Verfall der Innenstädte, verbunden mit enormem Erneuerungs- und Instandhaltungsbedarf. Anderseits führten die ostdeutschen Frauen viele Mängel auf Entwicklungen nach der Wende zurück. Darüber berichtete die Wissenschaftlerin Annette Harth vom Institut für Freiraumentwicklung und Planungsbezogene Soziologie an der Universität Hannover auf der Fachtagung »Im gesellschaftlichen Umbruch: Für frauengerechte Infrastrukturen im Rahmen der Stadtsanierung Dresden« am 19.4.1993. Sie bezog sich dabei auf bereits vorliegende Ergebnisse einer zum Zeitpunkt ihres Referats noch laufenden repräsentativen Studie »Städtische Wohnmilieus in den neuen Bundesländern im Wandel«. Daraus ging beispielsweise hervor, dass zahlreiche Befragte der Ansicht waren, durch die Wende hätten die sozialen Gegensätze in der Nachbarschaft stark zugenommen und die Solidarität hätte abgenommen.[8] Insbesondere das (verordnete oder freiwillige) Engagement für Belange des Wohngebiets, z. B. Pflege der Grünanlagen oder Mieterbelange, das vor der Wende relativ hoch war, sei bei vielen eingeschlafen.[9]

Was sich zum Zeitpunkt der Befragung allerdings noch nicht verändert habe, sei die hohe Selbsthilfetradition der MieterInnen. So hätten 70 % der Befragten (Frauen und Männer) bei der Modernisierung ihrer Wohnung selbst Hand angelegt. Diese Aktivitäten würden sich nicht nur auf alte Wohnungen oder auf einfache Reparaturen beziehen, sondern reichten bis hin zu Veränderungen der Baustrukturen, z. B. Versetzen von Wänden. Aufgrund der besseren Versorgung mit Baumaterialien bestünden nach der Wende sogar neue Anreize für zum Teil umfangreiche Modernisierungsabsichten in der eigenen Wohnung, im Wohnhaus oder der direkten Wohnungsumgebung.[10]

Zitate

1)	Kerstin Split, Frauenbüro, Magistrat der Stadt Magdeburg: Wohnungssituation von Frauen in Magdeburg, S. 6. In: Sammlung Frauenpolitik, a.a.O., 6/SFES000008.

2)	Frauen planen ihre Stadt Dresden. Eine Umfrage der SPD unter den Frauen der Stadt, S. 5 f. In: Sammlung Frauenpolitik, a.a.O., 6/ SFES000025.

3)	Vgl. hierzu bezogen auf die Stadt Dresden: Frauen fordern soziale Auflagen für Investoren, Sächsische Zeitung vom 20.4.1993.

4)	Kerstin Split, a.a.O., S. 7.

5)	Kerstin Split, a.a.O., S. 4.

6)	Ebenda, S. 7 f.

7)	Zitiert nach: Frühere Kindergärten sollten Treffpunkte für Frauen werden, Dresdner Neueste Nachrichten vom 20.4.1993.

8)	Annette Harth: Städtische Wohnmilieus in den neuen Bundesländern im Wandel, Forschungsskizze zum Projekt, 16.1.1993. Sie bezog sich dabei auf die gleichnamige von Anfang 1992 bis Ende 1993 laufende Studie im Rahmen eines Kooperationsprojekts ost- und westdeutscher Wissenschaftler unter der Leitung von Prof. Dr. Ulfert Herlyn und Dr. Bernd Hunger. In: Sammlung Frauenpolitik a.a.O., 6/SFES000025.

9)	Ebenda, S. 5.

10)	Ebenda, S. 6.

6. Es gibt Wichtigeres als die Sprache!

Ist das so?

Allmählich gewinnt die Erkenntnis an Boden, dass »die sprachliche Gleichbehandlung der Geschlechter von unerlässlicher Bedeutung ist«[1], so der Deutsche Frauenrat im Jahr 2019. Wer von »Ingenieuren«, »Architekten« oder »Anwälten« spräche, fördere die Vorstellung, es seien lediglich Männern vorbehaltene Berufe, und bestimme so das gesellschaftliche Denken über Geschlechter nachhaltig.[2]

In der Tat: Sind weibliche Personen immer nur »mitgemeint«, reproduziert die Sprache die gesellschaftliche Diskriminierung von Frauen. Nicht zuletzt deshalb forderten Frauen seit den 1970er Jahren ein »Sichtbarmachen« des Weiblichen in der Sprache, d. h. eine Feminisierung in der Schreibweise.

Nach der politischen Wende rückten Themen wie »Arbeitslosigkeit«, »§ 218«, »Wohnungsnot« bei unseren Veranstaltungen in den neuen Bundesländern ins Zentrum der Diskussionen. Das Thema »geschlechtergerechte Sprache« blieb eher außen vor. Angesichts der massiven gesellschaftlichen und wirtschaftlichen Umbrüche wäre dieses Thema bei den ostdeutschen Frauen auf wenig

Verständnis gestoßen. »Wir haben nun wirklich andere Sorgen als derartige Nebensächlichkeiten«, war der einheitliche Konsens zu diesem Zeitpunkt. Meinem Eindruck nach huldigten die ostdeutschen Frauen sogar noch stärker und rigider als die westdeutschen Frauen der maskulinen Sprache, was sich in Formulierungen wie »wir Lehrer«, »wir Trainer«, »wir Turner« usw. niederschlug – für sie vielleicht ein Ausdruck von Gleichberechtigung und nicht von Anpassung an männliche Strukturen.

Wie gesagt, über geschlechtergerechte Sprache wurde Anfang der 90er Jahre kaum diskutiert. Dennoch kam es bei einer Veranstaltung mit Lehrerinnen und Lehrern in Ost-Berlin zu einem für mich denkwürdigen Erlebnis. Bei der Begrüßung der Anwesenden passierte mir ein Fehler – unabsichtlich, aber mit Folgen. Ich sagte: »Sehr geehrte Damen und Herren, liebe Frauen ...«. Einige Teilnehmerinnen hatte ich schon vorher etwas näher kennengelernt und wollte sie auf diese Weise speziell begrüßen. Offenbar empfanden einige männliche Teilnehmer dies als Diskriminierung von Männern. Ich hätte auch »liebe Männer« sagen müssen, aus ihrer Sicht. Besonders ein Lehrer tat sich im weiteren Verlauf mit Beschwerden und Nörgeleien hervor, schimpfte ständig, mal laut, mal leise, vor sich hin und brachte damit fast die Veranstaltung zum Platzen. Leider bekam ich lange Zeit überhaupt nicht mit, worum es ihm und anderen anwesenden Männern ging. Natürlich wäre es für mich ein Leichtes gewesen, auch »liebe Männer« zu sagen, wenn ich nur verstanden hätte, worum das Gezeter und Gemaule der Männer kreiste. So verlief das Tagesseminar über lange Zeit hinweg in einer unfreundlichen Atmosphäre, gelinde ausgedrückt.

Das einzige Positive daran war: Die anwesenden Frauen beobachteten die Aufregung der Männer überrascht, fast ungläubig, als könnten sie ihren Ohren nicht trauen. Wie oft mochten sie wohl von männlicher Seite gehört haben, dass Fragen zur Anrede (männlich, weiblich) völlig »Schnuppe seien« und es Wichtigeres gäbe. Einigen anwesenden Frauen muss wohl bei diesem Erlebnis ein Licht aufgegangen sein, wie ich aus zahlreichen späteren Rückmeldungen entnehmen konnte.

Ich habe meiner Enkeltochter Yasmin von diesem Erlebnis erzählt. Sie kommentierte wie folgt: »Oma, es ist wirklich respektlos, wenn Frauen immer nur mitgemeint sind. Es gibt so viele bedeutende Frauen, die nicht unter den Tisch fallen dürfen.« Wenn ich auch meine, dass das für alle Frauen gilt, hat mich dieser Kommentar doch sehr erfreut.

Freimut Woessner

Zitate

1)   Beschluss der Mitgliederversammlung des Deutschen Frauenrats 2019 (DF): »Geschlechtergerechte Sprachregelung im DF«.
2)   Ebenda.

7. Frauen – die Verliererinnen der Deutschen Einheit?

Dies war und ist bis heute ein gern und häufig gebrauchter Spruch. Es war natürlich etwas dran, wenn wir an die überdurchschnittlich hohe Arbeitslosigkeit von Frauen als Folge der politischen Wende denken, an wachsende materielle Unsicherheit, Angst um Krippen- und Kindergartenplätze, die neuen Abtreibungsregelungen u. a. Aber immer wieder wurde auch vor dieser Aussage gewarnt. Sie hätte etwas Gefährliches. »Sie stempelt ab. Und sie macht Frauen zu hilflosen Opfern, die sowieso keine Chance mehr haben.«[1]

Tatjana Böhm vom Ministerium für Arbeit, Soziales, Gesundheit und Frauen des Landes Brandenburg äußerte sich auf ähnliche Weise auf einer Tagung 1993 in Berlin-Ost, als sie sich mit der »Verliererinnenthese« brillant auseinandersetzte:

»Zu hinterfragen ist weiterhin, ob die Verliererinnenthese nicht von unterschiedlichen Gruppen mit unterschiedlichen Intentionen gebraucht wird. Aus dem Munde von betroffenen Frauen ist dieser Spruch nur zu selbstverständlich. Auffällig ist aber, wie oft dieser Slogan von engagierten Frauen, Politikerinnen und Forscherinnen gebraucht wird.

Denn mit der ständigen Wiederholung dieses Slogans werden auch Bedeutungen und Botschaften transportiert, die sehr komplex und in ihrer Wirkung auch durchaus ambivalent sind. Zum einen wird der Skandal des patriarchalischen Krisenmanagements artikuliert; massenweise werden Frauen vom Arbeitsmarkt verdrängt, soziale Einrichtungen zur Vereinbarkeit zwischen Beruf und Familie brechen weg oder werden zu teuer. Der Strukturwandel in den neuen Bundesländern hat gegenwärtig deutlich negativere Auswirkungen für Frauen als Männer. Diese Tatsache kann nicht oft genug öffentlich wiederholt werden. Zum anderen wird aber durch das ständige Wiederholen der Opferthese das Skandalöse dieses Prozesses ein Stück weit zurückgenommen, es wird abgeschwächt, indem es als Normalität anerkannt wird. Dieser Slogan verstellt systematisch den Blick auf Ansätze und Möglichkeiten der Gegenwehr. Das Ergebnis scheint von vornherein festzustehen: Frauen sind nun mal die Verliererinnen. Sie sind Wesen in der zweiten Reihe, über die und für die andere entscheiden. Frauen sind die Opfer von struktureller, wie auch von mehr oder weniger direkter Männergewalt. Aus meiner Sicht scheint es so, dass uns diese Erkenntnis erstarrt und eben den Dingen ausliefert. Wie das Kaninchen vor der Schlange sitzen bedeutet, sich an die Normalität des Verlierens zu gewöhnen. Zum Glück wird dieser Slogan von vielen Frauen (...) nicht akzeptiert.«[2]

Zugleich wies Tatjana Böhm auf die negativen und kontraproduktiven Wirkungen der ständigen Wiederholung der Verliererinnenthese in den Medien hin. Diese setze sich in den Köpfen der Arbeitgeber fest und führe dazu, dass lieber Männer als Frauen eingestellt würden.[3] Stattdessen müsse herausgearbeitet werden, was (verschiedene Gruppen von) Frauen zu welchem Zeitpunkt verloren haben, um die Herausforderungen und Chancen für eine politische Intervention zu begreifen.

Wichtig sei es, die Stärken der Frauen deutlicher ins öffentliche Bewusstsein zu heben. Bei alleinerziehenden Frauen dachte Tatjana Böhm z. B. an deren bewundernswerte Fähigkeiten des Krisenmanagements im Alltag. Im Rahmen bundes- und landespolitischer Maßnahmen müsste dann gezielt an der Verbesserung der gesellschaftlichen und wirtschaftlichen Situation gearbeitet werden.[4]
Dem ist aus meiner Sicht nichts hinzuzufügen.

Zitate

1. Gislinde Schwarz, Rosemarie Mieder: Identitäten von Alleinerziehenden, a.a.O., S. 15.
2. Tatjana Böhm: Allein mit Kindern – eine Familienform, S. 3–5. In: Sammlung Frauenpolitik, a.a.O., 6/ SFES000047.
3. Ebenda, S. 5.
4. Ebenda, S. 6.

Nachwort

Viel Verklärung und Nostalgie?

Drei Jahrzehnte nach dem Mauerfall hat sich in den Medien (und in der Bevölkerung) der Eindruck verfestigt, dass sich heute viele Ostdeutsche vernachlässigt, abgehängt und missverstanden, fühlen.[1]

Das Berliner Institut Policy Matters befragte in einer repräsentativen Studie aus dem Jahr 2019 ostdeutsche Bürgerinnen und Bürger, wie sie die Demokratie, die Beziehungen zu Russland und die wirtschaftliche Entwicklung sehen. Im Osten des Landes herrsche heute vielfach Ernüchterung, Enttäuschung und teils Verbitterung, so das Ergebnis der Studie. Weit verbreitet sei das Gefühl, generell nicht wahrgenommen und nicht wertgeschätzt zu werden. »Tief sitzen die Zweifel, ob die Wende tatsächlich mehr Freiheit, mehr Mitsprache, mehr Schutz vor staatlicher Willkür gebracht hat.«[2] Die Mehrheit (58 %) der befragten Ostdeutschen hatte erklärt, dass der Schutz vor staatlicher Willkür schlechter geworden sei oder sich kaum verändert habe. 41 % von ihnen beklagten das Gleiche in Bezug auf die Möglichkeit, die eigene Meinung frei zu äußern.

Der Journalist Johannes Leithäuser vermutet, dass die Erinnerungen an die »guten Seiten« der DDR, die »nostalgische Sehnsucht nach Überschaubarkeit und festen eigenen Rollenbildern in den ostdeutschen Ländern«[3] heute stärker seien als in der Zeit nach der Wende. Daneben scheinen die Erinnerungen an das SED-Zwangsregime, an Freiheitsbeschränkungen, Bevormundung und Bespitzelung durch den SED-Staat in der ostdeutschen Bevölkerung eher verblasst zu sein. Es gäbe z. B. von der jüngeren ostdeutschen Generation keine bohrenden Fragen, so Leithäuser, warum die Zeitgenossen so lange »Zwang und Unfreiheit und Ungerechtigkeit anhaltend ertragen und geduldet« hätten. Jetzt seien es »nicht die Jungen, die anklagende Fragen an ihre Eltern stellten, sondern die Alten, die ihren (West-)Kindern Vorwürfe machen, ihnen einstige Sicherheiten genommen zu haben«[4].

Was meine eigenen Erinnerungen an die Zeit nach der Wende anlangt, so spüre ich heute noch in erster Linie die Begeisterung der ostdeutschen (und westdeutschen) Frauen über die lang ersehnte Wiedervereinigung der beiden deutschen Staaten. Ich erinnere mich gut an die allgemeine Aufbruchsstimmung (verbunden möglicherweise mit der Hoffnung auf ein zweites Wirtschaftswunder?), die auch unsere Ansprech- und Kooperationspersonen in den neuen Bundesländern erfasst hatte, sowie an ihre Freude über Kontakte zu den »Schwestern« im Westen (und umgekehrt).

Mit der rasant steigenden Arbeitslosigkeit, den wachsenden sozialen Unsicherheiten und erheblichen Orientierungsproblemen angesichts eines abrupt von außen aufgestülpten »fremden« Wirtschafts-, Rechts- und Sozialsystems bekam diese Freude einen gehörigen Dämpfer.

Themen wie z. B. »Freiheitsbeschränkungen im SED-Zwangsregime« wurden auf meinen Veranstaltungen in Ostdeutschland so gut wie nie angesprochen, Erinnerungen an die guten alten Zeiten in der DDR aber wohl. Oft wurde auf frühere »DDR-Errungenschaften« hingewiesen, wie z. B. das Recht auf Arbeit und Sicherung der sozialen Existenz aller BürgerInnen, das Recht auf zumutbaren und ausreichenden Wohnraum, das lückenlose Netz an Kinderbetreuungseinrichtungen (Kitas, Ganztagsschulen, Jugendclubs usw.) sowie das uneingeschränkte Recht auf Schwangerschaftsunterbrechung in den ersten drei Monaten. Darüber hinaus hoben die Ostfrauen häufig Werte hervor, die nach der Wiedervereinigung im Osten zumindest teilweise verloren gegangen seien, z. B. Hilfsbereitschaft, Solidarität und Gemeinschaftssinn.

In dieser Richtung äußerten sich auch verschiedene VertreterInnen von Parteien und Bürgerinitiativen im März 1990 auf die Frage »Was soll bleiben von dieser DDR?«[5], z.B.:

Demokratischer Aufbruch: »Strebsamkeit und Familiensinn, noch nicht durch Komsumtionsverhalten einer Wegwerfgesellschaft geprägt, sehe ich als individuelle Werte vieler Menschen in der DDR.«

Demokratie jetzt: »Es geht um Lebensinhalte jenseits von Macht, Konsum und Leistung. Es geht um ein verantwortungsvolles, sinnvolles Leben, um die Verwirklichung der Menschenrechte für alle, also auch für Kinder, Frauen, Ausländer und alte Menschen.«

DBD (Demokratische Bauernpartei Deutschlands): »Zu den Werten, die bei der Vereinigung der beiden deutschen Staaten unbedingt erhalten bleiben sollten, würde ich vor allem das gewachsene Zusammengehörigkeitsgefühl mit den Nachbarn und Mitmenschen, die Hilfsbereitschaft und Solidarität sowie den ausgeprägten Gemeinschaftssinn nennen. Gerade diese Werte des Miteinander und Füreinander können nicht hoch genug eingeschätzt werden und sollten auf keinen Fall auf der Strecke bleiben.«

Ähnlich nostalgische Aussagen fand ich an vielen anderen Stellen in meinen um das Jahr 2000 zusammengestellten und 2018 archivierten Materialien, die Referate und Zeitungsartikel aus der Wendezeit enthielten.

Zur Nostalgie gesellte sich nicht selten das Idyllische. Monika Maron griff dies in ihrem NZ-Artikel vom 12.3.1990 mit Blick auf eine Äußerung des Schriftstellers Günter Grass auf. Er habe auf die Frage, was die DDR in eine wie immer geartete Zweisamkeit der beiden deutschen Staaten einbringen könne, geantwortet: »Etwas, das vielleicht jedem aufgefallen ist, der mehrmals in der DDR gewesen ist, etwas das uns hier fehlt: ein langsameres Lebenstempo, entsprechend mehr Zeit für Gespräche. Eine interne Nischengesellschaft (...) ist da entstanden, etwas Biedermeierliches wie zu Metternichs Zeiten.«[6]

Monika Maron kommentierte diesen Satz in ihrem Artikel nicht sehr schmeichelhaft mit den Worten: »Ich bin sicher, Grass hat das freundlicher gemeint, als es in meinen Ohren klingt. Für mich heißt das: ein bisschen zurückgeblieben, aber lieb, und es erinnert an den Satz von Günther Gaus: ›In der DDR ist uns etwas gespart (geblieben, die Verf.)‹.« Weiter schreibt sie: »›Uns‹ heißt wohl den Westdeutschen, und gespart wurde ihnen die Vergangenheit, zu besichtigen im Freilichtmuseum DDR.«[7]

Ich hatte das Glück, nach der politischen Wende mit vielen ostdeutschen Frauen zusammenzuarbeiten, viele Gespräche mit ihnen zu führen, viel Freud und Leid mit ihnen zu teilen. Nicht vergessen habe ich auch ihre Natürlichkeit, ihre ehrlichen Gefühle, sei es Freude, sei es Sorge, ihre uneigennützige Hilfsbereitschaft, ihren Elan und ihre Einsatzbereitschaft. Daraus haben sich etliche jahrzehntelange Freundschaften ergeben, für die ich dankbar bin.

Zitate

1)   Vgl. Johannes Leithäuser: Ostdeutsche Achtundsechziger?, Frankfurter Allgemeine vom 29.7.2019, S. 1, mit Bezug auf ein Schreiben des CDU-Kreisverbandes Leipzig.

2)   30 Jahre Mauerfall, Die Zeit vom 2.10.2019, Politik 3. Hier wird über eine repräsentative Studie berichtet, die vom Berliner Institut Policy Matters im Auftrag der Zeit durchgeführt wurde.

3)   Johannes Leithäuser, a.a.O.

4)   Ebenda.

5)   Vgl. Wahl 90/Wähler fragen Parteien und Bewegungen. Und was soll bleiben von dieser DDR?, Märkische Woche vom 13.3.1990.

6)   Monika Maron: Das Elend der Intellektuellen, NZ vom 12.3.1990.

7)   Ebenda.

Anhang: Fotos

S. 18   Elke Biesel: Was Frauen Ost von Frauen West erwarten, Kölner Stadt-Anzeiger vom 29.3.1990, ohne Seitenangabe.

S. 20   Einladungsschreiben der ASF-Dresden »Ostfrauen haben Westprobleme«, 10.3.1990, Dresdner Rathaus.

S. 48   Foto: Dr. Regine Hildebrandt, Ministerin für Arbeit, Soziales, Gesundheit und Frauen des Landes Brandenburg (MASGF). Archiv der sozialen Demokratie (AdsD)/Friedrich-Ebert-Stiftung (FES).

S. 50   Foto: Ulla Schmidt, MdB, Vorsitzende der Querschnittsgruppe Gleichstellung von Frau und Mann der SPD-Bundestagsfraktion, auf der Tagung »Mädchenprojekte (k) eine Selbstverständlichkeit« in Potsdam am 2.11.1995. Fotografin: Magda Gressmann, Rechtsinhaber nicht ermittelbar.

S. 66   Foto: Dr. Christine Bergmann, Senatorin für Arbeit, Berufliche Bildung und Frauen des Landes Berlin, auf der Tagung »Kindeswohl – Elternrecht, Einheit oder Gegensatz«. Links auf dem Bild: Jürgen Salgo, Universität Frankfurt. Fotografin: Magda Gressmann, Rechtsinhaber nicht ermittelbar.

S. 73   Foto: Rosemarie Bechthum, MdL Thüringen, Gleichstellungsbeauftragte AdsD/FES

S. 80   Foto: Tatjana Böhm, Referatsleiterin im MASGF des Landes Brandenburg, vorne rechts im Gespräch. Fotografin: Magda Gressmann, Rechtsinhaber nicht ermittelbar.

S. 92   Cartoon, Freimut Woessner, 13.9.1991.

Fotos Cover: Christine Bergmann, Fotograf: Joachim Liebe; Tatjana Böhm, Fotografin: Magda Gressmann sowie Regine Hildebrandt und Rosemarie Bechthum (Fotoausschnitte).

Zur Autorin

Monika Herrmann, geb. in den Kriegsjahren (Zweiter Weltkrieg) in Bütow/Pommern. 1945 Flucht aus Pommern nach Berlin mit Mutter. Studium der Soziologie und Wirtschaftswissenschaften in den sechziger Jahren. Danach bis 1986 als Wissenschaftlerin und Projektleiterin tätig mit den Themenschwerpunkten: Frauen- und Arbeitsmarktforschung, städtebauliche Forschung, Arbeitszeit- und Frauenpolitik. Ab 1986 Leiterin des Gesprächskreises Frauenpolitik und ab 1991 Referatsleiterin in der Friedrich-Ebert-Stiftung. In der Zeit von 1990 bis 2000 Veranstaltungen und Fachtagungen in den neuen Bundesländern, in Osteuropa (Warschau, Prag), in Belgien (Brüssel) und in den USA (Washington). Als Expertin u. a. bei der EG-Kommission und der UNESCO, Paris tätig.